MINISTERO PER I BENI E LE ATTIVITÀ CULTURALI

SOPRINTENDENZA ARCHEOLOGICA PER LE PROVINCE
DI SASSARI E NUORO

SOPRINTENDENZA ARCHEOLOGICA DELLA BASILICATA

REGIONE SARDEGNA          REGIONE BASILICATA

COMUNE DI SASSARI

# IL SACRO E L'ACQUA

## Culti indigeni in Basilicata

Sassari, Museo Archeologico Nazionale G.A. Sanna
19 dicembre 1998 – 10 aprile 1999

EDIZIONI DE LUCA

REGIONE SARDEGNA

Federico Palomba
*Presidente della Giunta Regionale*

Antonella Paba
*Assessore al Turismo, Artigianato e Commercio*

Benedetto Ballero
*Assessore alla Pubblica Istruzione e Beni Culturali*

COMUNE DI SASSARI

Anna Sanna
*Sindaco di Sassari*

Gianni Cossu
*Assessore alla Cultura*

REGIONE BASILICATA

Angelo Raffaele Dinardo
*Presidente della Giunta Regionale*

Rocco Colangelo
*Assessore al Dipartimento Programmazione economica e finanziaria*

Rocco Messina
*Affari Generali della Presidenza della Giunta Regionale*

MINISTERO PER I BENI E LE ATTIVITÀ CULTURALI

Mario Serio
*Direttore Generale Ufficio Centrale BAAAS*

Maria Luisa Nava
*Soprintendente Archeologo della Basilicata*

Fulvia Lo Schiavo
*Soprintendente Archeologo per le province di Sassari e Nuoro*

*Progetto scientifico e cura della mostra*
Maria Luisa Nava
Fulvia Lo Schiavo

*Collaborazione tecnico-scientifica*
Marcello Tagliente
Elvira Pica
Alfonsina Russo
Giovanna Canalis

*Progetto e realizzazione allestimento*
Eidós - Sassari

*Disegni e illustrazioni*
Silvana Ciorciaro
Carmine Giorgio
Giovina Guarini
Annaluce Marino
Pasquale Palese
Rocco Pontolillo
Maria Salvatore

*Restauri*
Giuseppe Basile
Giuliano De Asmundis
Michele Martorano
Antonio Pace
Antonio Sabatella

*Fotografie*
Mario Calia
Nicola Figliuolo

*Redazione del catalogo*
Marina Piranomonte

*Redazione testi e schede*
Alfonsina Russo

*Schede Garaguso, Timmari*
Maria Giuseppina Canosa

*Trasporti*
Rumbo s.r.l.

*Assicurazioni*
Assitalia

Si ringrazia l'Amministrazione Provinciale di Potenza per il prestito del gruppo in marmo da Garaguso

*In copertina*: Modellino di tempio in marmo con statua di divinità femminile dal Santuario di Garaguso

© Edizioni De Luca s.r.l.
Via Ennio Quirino Visconti, 11
00193 - Roma
ISBN 88-8016-252-7

La Regione Sardegna ha sempre prestato particolare attenzione al patrimonio dei beni culturali isolani, partecipando in modo attivo alla loro promozione e valorizzazione, anche attraverso la collaborazione alle iniziative promosse dalle Soprintendenze della Sardegna, volte sia alla divulgazione scientifica che al grande pubblico.

In tale quadro si inserisce anche la collaborazione tra la Soprintendenza Archeologica di Sassari e Nuoro e le analoghe istituzioni del continente, che costituiscono, come nel caso della mostra *"Il sacro e l'acqua. Culti indigeni in Basilicata"*, momenti importanti di confronto e di arricchimento culturale.

La Regione Sardegna e la Regione Basilicata quindi, partecipano attivamente a questa iniziativa che rappresenta un momento di incontro tra Istituzioni che gestiscono realtà territoriali diverse, ma pure concordi nel comune progetto di valorizzazione del patrimonio turistico-culturale del proprio territorio. Nell'ambito di tale progetto, la Regione Sardegna è lieta di offrire ospitalità ad una rassegna archeologica che, presentando alcuni aspetti culturali del mondo indigeno della Basilicata antica, offra spunti per approfondire le conoscenze storiche del patrimonio comune dell'Italia intera.

L'allestimento della mostra *"Il sacro e l'acqua. Culti indigeni in Basilicata"* nella cornice del Museo G.A. Sanna di Sassari rappresenta, pertanto, per il territorio isolano un momento tangibile di avvicinamento ideale con le realtà culturali della nostra nazione

Federico Palomba
*Presidente della Giunta Regionale della Sardegna*

La Regione Basilicata persegue da anni l'obiettivo del recupero della propria identità storica e culturale, anche attraverso la valorizzazione e la pubblicizzazione del ricchissimo patrimonio archeologico che il suo territorio conserva e che risulta ancora, in gran parte, sconosciuto al grande pubblico. Per questa ragione già nel recente passato la Regione ha finanziato scavi e restauri archeologici, che hanno portato a scoperte importanti e determinanti per la conoscenza del passato del popolo lucano.

La realizzazione di nuovi Musei e di nuovi allestimenti museali, promossi dalla Regione nell'ambito della stretta e fattiva collaborazione, già da tempo instaurata con le Soprintendenze regionali, ha portato alla definizione di un sistema museale regionale tra i più significativi dell'Italia Meridionale. Ciò ha consentito una più ampia e migliore fruizione dello straordinario patrimonio culturale che caratterizza la storia di questo territorio, a partire dalla fondazione di Siris Herakleia e Metaponto, importanti colonie della Magna Grecia. Nel quadro di tale valorizzazione è nata l'idea di presentare al pubblico della Sardegna la mostra *"Il sacro e l'acqua. Culti indigeni in Basilicata"*, ponendo in tal modo le premesse per una futura proficua collaborazione tra le due regioni. L'auspicio è che da questa manifestazione si sviluppi tra le popolazioni della Basilicata e della Sardegna un rapporto immediato e diretto e che la conoscenza di alcune delle più significative testimonianze archeologiche lucane, quelle legate all'acqua nella sua sacralità, porti alla nascita di un vivo interesse per le vastissime realtà culturali, e non solo, che la Basilicata offre nel quadro della sua tradizionale ospitalità.

Angelo Raffaele Dinardo
*Presidente della Giunta Regionale della Basilicata*

Il primo proposto formulato dagli organizzatori quando si pensò di ospitare questa mostra "*Il sacro e l'acqua. Culti indigeni in Basilicata*" a Sassari, presso il Museo "Giovanni Antonio Sanna", fu di affiancare ad essa una sezione parallela dedicata al Sacro e l'Acqua e ai Culti Indigeni in Sardegna. Dopo un rapido esame dei contesti archeologici ospitati, a confronto con l'archeologia della Sardegna, si è subito riscontrato un enorme divario cronologico fra gli indigeni della Basilicata di età ellenistica ed il grandioso fenomeno del culto delle acque nella Sardegna Nuragica, che ormai nessuno dubita più doversi collocare almeno all'inizio dell'età del Bronzo Finale e forse anche prima, articolandosi dal XII al X-IX secolo a.C., dunque circa sei/quattro secoli prima delle manifestazioni cultuali qui illustrate.

Un altro aspetto poteva essere studiato ed esposto, ovvero quello della permanenza nell'uso degli antichi luoghi nuragici di culto delle acque ancora in piena età ellenistica, e talora anche romana e tardo antica, pur se in forme e contenuti mutati e magari anche con una ribelle venerazione di "ritorno" alle antiche divinità, in contrasto con il cristianesimo prevalente.

Santuari nuragici che mostrino documenti comprovanti un culto delle acque praticato in età punica, dal VI al IV-III secolo a. C. ve ne sono molti, a partire dal tempio a pozzo di Sa Testa di Olbia con gli *xoana* in legno di ginepro, dalle statuette votive di terracotta dal nuraghe-santuario di Nurdole di Orani, per proseguire con gli esemplari di coroplastica votiva dal profondissimo pozzo (circa 40 metri) di Santu Antine di Genoni, forse nato come pozzo sacro nuragico, e ancora il frammento di *kouros* marmoreo dal santuario con pozzo sacro di Serra Niedda di Sorso, compresi i materiali "vecchi" (anni Ottanta) e "nuovi" (anni Novanta) dall'area sacra di Fonte Niedda di Perfugas, e tanti altri, più di quanti si possa immaginare a prima vista, a giudicare dalle offerte, compresi rinvenimenti non recenti, come il bronzetto di *kouros* arcaico da pozzo sacro del Camposanto di Olmedo, ecc.

È evidente dunque come una tale prospettiva non fosse facilmente concretizzabile nei tempi veloci richiesti dall'allestimento della presente mostra, anche perché molti materiali essenziali per l'illustrazione del tema, sono ora esposti nella mostra "PHOINIKES B SHRDN", trattandosi appunto di documenti di culti che si svolgono in età punica, intrisi o meno di ellenismo.

Ci prepariamo perciò ad accogliere e ad apprezzare le testimoniane dei culti indigeni della Basilicata, con la consapevolezza che esse stimolano in noi, studiosi della Sardegna indigena, molti interrogativi ai quali ci sentiamo chiamati, da subito e anche in proiezione avvenire , a ricercare e a trovare delle risposte.

Fulvia Lo Schiavo<br>
*Soprintendente Archeologo*<br>
*per le province di Sassari e Nuoro*

La mostra "*Il sacro e l'acqua. Culti indigeni in Basilicata*", che presenta sinteticamente i più significativi santuari indigeni della Regione, è stata la prima di una serie di esposizioni che si inquadrano nel protocollo convenuto tra la Regione Basilicata e il Comune di Roma, teso alla valorizzazione delle più importanti e recenti scoperte archeologiche di questo straordinario territorio.

Prosegue così la felice esperienza di collaborazione tra la Soprintendenza Archeologica e gli Enti Locali, che già nel passato ha prodotto importanti risultati sia sul piano della ricerca scientifica che della promozione culturale.

Il tema della mostra è stato scelto per la sua rilevanza nell'ambito della storia di questa regione, nella quale l'acqua, elemento essenziale alla vita, già dall'antichità assume un valore determinante nella religiosità indigena, condizionando sia le scelte dei luoghi, sempre ricchi di fonti, che le forme del culto.

Santuari quali Timmari, Garaguso, Chiaromonte, Armento testimoniano la profonda assimilazione di modelli culturali dal mondo greco che permea la società indigena, anche nell'aspetto più conservativo della religiosità.

L'esposizione presso il Museo Nazionale Archelogico G.A. Sanna di Sassari nasce da una felice intesa di collaborazione con la Soprintendenza Archeologica per le province di Sassari e Nuoro, consentendo di mettere a confronto territori ed esperienze storico-culturali differenti, legate a mondi indigeni che – pur su base diacronica – hanno riconosciuto all'acqua una ritualità e sacralità profonde, che si manifestano con attestazioni rilevanti in entrambe le regioni.

La presenza a Sassari delle testimonianze lucane può dunque costituire l'occasione per gli addetti ai lavori di confrontare le differenti espressioni di un medesimo culto e, per il pubblico, di apprezzare e conoscere le specifiche realtà archeologiche di una porzione importante della Magna Grecia.

Maria Luisa Nava
*Soprintendente Archeologo della Basilicata*

*Fig. 1. Carta archeologica dei principali siti della Basilicata*

*Maria Luisa Nava*

# Il sacro e l'acqua nel mondo indigeno della Basilicata

La religione rappresenta anche per il mondo indigeno della Basilicata (fig. 1), con le sue complesse articolazioni etniche, uno dei tratti culturali più caratterizzanti.

In questo ambito territoriale sino alla metà del VI secolo a.C. le testimonianze archeologiche non permettono di cogliere in maniera tangibile la presenza di culti prestati ad entità sovrannaturali. E' a partire da tale periodo che, nel quadro di un più generale processo di trasformazione culturale favorito dalle relazioni con le colonie greche della costa ionica, sono documentate forme di religiosità prestate alle stesse divinità antropomorfe del *pantheon* ellenico.

Un ruolo fondamentale nella diffusione, tra le genti indigene, del "sacro", segnato alla maniera greca, giocano i santuari extraurbani coloniali (fig. 2): in particolare, per la Basilicata interna, l'area sacra di San Biagio alla Venella, posto ai confini della *chora* metapontina, sembra costituire un luogo privilegiato dell'incontro e dello scambio tra coloni e popolazioni autoctone sotto la protezione della divinità.

Non è un caso che le due più antiche aree sacre indigene si sviluppino, a partire dall'avanzato corso del VI sec. a.C., nella *mesogaia* a più stretto contatto con Metaponto. Si tratta dei santuari di Garaguso, nell'alta valle del Cavone, e di Timmari, nella media valle del Bradano, entrambi posti in prossimità di sorgenti ed alla confluenza di tratturi che collegavano territori abitati da *ethne* diversi. L'acqua, dunque, essenziale per lo sviluppo degli insediamenti antichi, appare sin d'ora un elemento imprescindibile, con le sue proprietà purificatrici e terapeutiche, nello svolgimento delle cerimonie sacre.

In questa fase, principale oggetto di culto è una divinità femminile connessa in primo luogo ai cicli agrari e, più in generale, alla sfera della fertilità. Un gruppo marmoreo, di ridotte dimensioni, rinvenuto a Garaguso e databile al primo quarto del V secolo, raffigura la dea seduta in trono all'interno di un modellino di tempio: prezioso dono dei Greci metapontini che visitavano il santuario. Accanto alle offerte che attestano una frequentazione elitaria, nei santuari di Garaguso e Timmari, la presenza di una devozione popolare è testimoniata dalle numerose statuette in terracotta, che raffigurano sia divinità che offerenti.

Nel corso del IV secolo a.C., la definizione di nuovi assetti territoriali conseguente all'emergere dell'*ethnos* dei Lucani è segnata dal proliferare di luoghi sacri che testimoniano la capillare diffusione di modelli culturali di matrice ellenica anche nella sfera religiosa. Gli stessi santuari, a diverso livello, rappresentano uno dei principali punti di riferimento, politico ed economico oltre che religioso, nella nuova realtà insediativa. Ancora più evidente appare in questo periodo la relazione tra aree sacre e sorgenti: cisterne, vasche, canalizzazioni, fontane testimoniano l'impor-

*Fig. 2 . Le Tavole Palatine in una incisione dell'Abbé de Saint Non (1782)*

tanza dell'acqua nelle cerimonie connesse al culto.

I santuari più importanti assumono ora forme monumentali: Rossano di Vaglio, riferimento religioso per tutto l'*ethnos* lucano, si caratterizza per l'ampio sagrato intorno a cui si aprono ambienti porticati e colonnati; Armento si configura come un santuario a terrazze, secondo una disposizione scenografica derivata da modelli ellenistici.

Piccoli sacelli, che dovevano contenere la statua della divinità, costituiscono l'unico elemento monumentale presente nei santuari minori, come San Chirico Nuovo e Chiaromonte.

Tra le divinità venerate, accanto ad alcune dai caratteri spiccatamente greci, come Artemide, Afrodite, Demetra o Eracle (fig. 3), dio per eccellenza delle genti italiche, se ne affian-

*Fig. 3. Statuetta di Eracle in bronzo (IV sec. a.C.) da Acerenza*

8

cano altre esclusive del *pantheon* lucano, che riassumono in sé una pluralità di attributi. Si tratta in primo luogo di Mefite, dea osca della terra e del cielo connessa con le sorgenti e con le virtù terapeutiche dell'acqua, cui è dedicato, in base alle testimonianze epigrafiche, il santuario di Rossano di Vaglio.

In quest'ultimo sono stati rinvenuti simulacri in bronzo e in marmo e gioielli in oro ed in argento, che decoravano probabilmente la statua della divinità. L'eccezionale valenza religiosa e politica di Rossano è confermata dal cospicuo rinvenimento di iscrizioni in alfabeto greco e lingua osca, che forniscono importanti informazioni sulla struttura del *pantheon* locale e sulla presenza di istituzioni politiche e magistrature che controllavano il santuario.

La partecipazione popolare al culto, in questo come negli altri santuari, è testimoniata dalla consistente presenza di votivi in terracotta (statuette di divinità e di offerenti, frutti e animali), di attrezzi agricoli e di armi anche miniaturistiche, che rimandano ai principali valori su cui si basa la società lucana: l'organizzazione militare, la cui importanza è evidenziata anche dalla presenza, a Rossano di Vaglio, di un carro miniaturistico in bronzo, e le attività economiche fondamentali, quali l'agricoltura e l'allevamento. Votivi anatomici in terracotta, rinvenuti nel santuario di Chiaromonte, alludono all'aspetto della *sanatio*, confermando le proprietà terapeutiche attribuite alle acque.

Con il processo di romanizzazione che investe questa regione antica tra III e II secolo a.C., molte di queste aree sacre decadono, ad eccezione di Rossano di Vaglio, che fino alla prima età imperiale continua ad assolvere il proprio ruolo politico e religioso nell'ambito della rinnovata organizzazione territoriale.

L'importanza dell'acqua nella cultura religiosa delle genti indigene della Basilicata, quale elemento catartico di purificazione, è confermato dal rinvenimento di un eccezionale modellino di fontana in terracotta, in una sepoltura del IV secolo a.C. di San Chirico Raparo, nell'alta Val d'Agri.

*Modellino di tempio in marmo con statua di divinità femminile  [cat. 1]*

*Jean Paul Morel*

# Il Santuario di Garaguso

Il sito di Garaguso (in provincia di Matera) è ubicato su un'altura (500 m ca.) che divide la valle del Basento da quella del Cavone-Salandrella, a 55 Km. circa a Nord da Metaponto. Scavi condotti a varie riprese dal 1906 in poi hanno portato alla luce i resti di un abitato occupato dalla seconda metà del IX - inizi dell'VIII sec. a.C. fino agli inizi del III sec. a.C. (sotto il paese, in contrada Filera, era stato individuato un abitato neolitico ubicato sulla sommità del colle), e di una necropoli databile intorno alla metà del VI sec. a.C. (nella villa comunale). Nello stesso sito furono rinvenuti, inoltre, tre depositi votivi, che descriveremo qui a grandi linee.

Il deposito Altieri (dal nome del proprietario del terreno), in località Fontanelle. Più che di una stipe *in situ*, si tratta probabilmente di materiale votivo franato su un pendìo ripidissimo dominante una sorgente che fino in epoca moderna era l'unica fonte di approvvigionamento di acqua per il paese. La cronologia del deposito va dalla prima metà del VI a.C. alla metà del V sec. a.C.

Due brevi campagne di scavo nel 1969-1970 hanno messo in luce frammenti, abbastanza scarsi, di ceramiche greche (coppe ioniche B2) e di produzione locale (impasto, vasi geometrici); sono stati altresì rinvenuti bottoni, borchie ed anelli di bronzo, fibule, armi e attrezzi miniaturistici in ferro, nonchè due "chiavi di tempio" in ferro a forma di "S" allungata, il cui carattere rituale è probabile. Al di là di tali elementi, il deposito è caratterizzato innanzitutto dall'abbondanza e dalla diversità delle terrecotte figurate, che, salvo rarissime eccezioni, si riferiscono a personaggi femminili: protomi, statuette di dee in piedi o sedute in trono. Queste statuette, distribuite lungo più di un secolo, presentano stili, qualità e tipi diversissimi: divinità senza attributi specifici, figure di Demetra reggente un porcellino, *kourotrophoi* (nutrici) (cat. 6), portatrici di cofanetti, di fiori o di frutta, oltre ad alcuni personaggi maschili e ad una "torta" miniaturistica su un minuscolo vassoio (cat. 46). Si tratta di terrecotte indubbiamente greche (anche se spesso ricavate da matrici molto stanche) (cat. 8), confrontabili con quelle rinvenute in varie colonie elleniche dell'Italia meridionale, da Taranto fino a Medma e Poseidonia.

Ad una cinquantina di metri dal primo, e del tutto simile in quanto a configurazione, il deposito Autera (denominato anch'esso dal proprietario del terreno) era molto povero di terrecotte figurate (alcune statuette di divinità in piedi o sedute, un offerente che reca sulle spalle un agnello, un uccello schematico). In questo contesto era frequente la ceramica, databile negli anni 580-470 a.C. Si tratta di pochi frammenti indigeni geometrici o di impasto e abbondante ceramica di produzione o d'imitazione greca: vasi con figure nere dalla resa piuttosto elementare, vasi a vernice nera di produzione attica o che imitano la ceramica attica, alcuni vasi attici a figure rosse, ceramiche a fasce, coppe ioniche B2, nonchè piccoli vasi lavorati a mano che imitano, in forme miniaturistiche, i tipi ellenici (crateri, *hydriai*, *skyphoi*, patere ombelicate). Generalmente molto mediocri, possono essere stati modellati sia sul posto, sia in una colonia greca (Metaponto, probabilmente) per dei clienti poco esigenti.

Il deposito Autera conteneva, inoltre, ossa bruciate di piccoli animali (uccelli, ecc.) e un gran numero di oggetti di ferro (armi -giavellotti, lance, stiletti, coltelli, fibule, morsi di cavallo) e di bronzo (patera ombelicata, anelli dei tipi più vari). Da segnalare, sempre in bronzo, una lamina lunga e stretta decorata a sbalzo (probabilmente una impugnatura di scudo) e una minuscola Sirena anch'essa lavorata a sbalzo.

L'impressione di varietà generata dal deposito Autera è accentuata dal rinvenimento di dodici monete di argento, tutte arcaiche (in

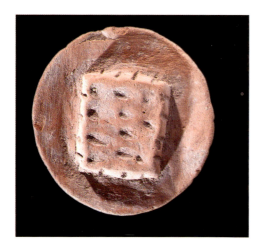

*Patera miniaturistica acroma con focaccia [cat. 46]*

maggior parte incuse), coniate in sei città diverse di Magna Grecia, e cioè in quasi tutte le colonie greche dell'Italia che coniarono, per prime, monete: Taranto (2 monete), Metaponto (3), Sibari (3), Crotone (1), Caulonia (2) e Poseidonia (1), a testimoniare la diversità degli orizzonti geografici dai quali gli offerenti convergevano verso quel santuario anonimo di Garaguso.

La terza stipe si rinvenne nel 1922, a quanto sembra nelle vicinanze dell'abitato della contrada Filera menzionato in precedenza (anch'esso al disopra dell'unica sorgente del paese), e conteneva due oggetti eccezionali, strettamente collegati tra loro, esposti da allora nel Museo di Potenza: un modellino di tempio ed una statuetta di dea seduta, ambedue in marmo, databili alla prima metà del V sec. a.C. (cat. 1). La statuetta era chiaramente concepita per venire collocata nel tempietto. Vennero rinvenuti, in occasione di scavi purtroppo malissimo documentati, insieme ad un deposito votivo che conteneva tra l'altro statuette e protomi di terracotta (cat. 22). Si tratta dell'unico esemplare di tempietto votivo in marmo rinvenuto sinora sia nel mondo greco che nel mondo italico: il che potrebbe far pensare ad un "iperellenismo" da parte dello sconosciuto offerente.

Queste stipi, sommariamente indagate per vari motivi, ripropongono elementi comuni a tanti altri depositi votivi dell'Italia meridionale e centro-meridionale coevi. Innanzitutto per i culti. Un culto di Demetra è sicuro, probabilmente accompagnato, anche nell'ambito di una stessa stipe, dal culto di altre divinità prevalentemente femminili.

Le "domande" degli offerenti sono diversissime: guerra, lavoro, prosperità agricola o economica in genere, maternità.

Contrariamente a quanto osserviamo nel-

*Kourotrophos che regge un bambino con il braccio sinistro [cat. 6]*

l'abitato (pochi influssi greci) e nella necropoli (presenza di vasi greci associati ad una maggioranza di ceramiche indigene), i depositi votivi attestano l'adozione intensiva di costumi greci, o quanto meno di oggetti greci. I vasi tipicamente indigeni sono scarsissimi. Il resto delle offerte è prettamente ellenico, per fabbricazione e comunque per tipologia. Dobbiamo per questo pensare a dei santuari frequentati dai Greci del litorale, forse viaggiatori o mercanti. Ma alcune considerazioni (assenza di scrittura; carattere quasi sistematicamente mediocre degli oggetti votivi; eclettismo delle terrecotte e dispersione geografica delle monete) farebbero pensare piuttosto ad un culto tributato, da indigeni venuti in contatto con varie colonie costiere, ad una o più divinità forse rimaste finora aniconiche, probabilmente delle dee-madri.

Va anche sottolineato il fatto che l'abitato, la necropoli, i santuari di Garaguso ci offrono un'immagine diversificata della vita di quell'antico insediamento e della diffusione degli influssi greci nel retroterra, a testimoniare la necessità di confrontare questi diversi aspetti per un'analisi complessiva dei rapporti tra Greci ed indigeni, e non solo nella Lucania interna.

*Bibliografia di riferimento*

M. SESTIERI BERTARELLI, Il tempietto e la stipe votiva di Garaguso, in *Atti e Memorie della Società Magna Grecia*, 1958, p. 67 ss.
D. ADAMESTEANU, La documentazione archeologica in Basilicata, in Atti del IV Convegno di Taranto, 1964, p. 138 ss.
ID., Problèmes de la zone archéologique de Meta-

*Figura femminile panneggiata [cat. 8]*

*Testa femminile con polos e velo [cat. 22]*

ponto, in *Revue Archéologique* 1967, 1, p. 28 ss.

J.P. MOREL, Chronique, in *Mélanges de l' École Française de Rome. Antiquité* 82, 1970, p. 556 ss.

ID., in Atti del X Convegno di Taranto, 1970, p. 489 ss.

ID., in Popoli Anellenici in Basilicata, Potenza 1971, p. 36 ss.

M. HANO, R. HANOUNE, J.P. MOREL, Garaguso (Matera). Relazione preliminare sugli scavi del 1970, in *Notizie degli Scavi di Antichità* 1971, p. 424 ss.

J.P. MOREL, in Atti dell' XI Convegno di Taranto, 1971, p. 314 ss.

ID., Garaguso (Lucanie): traditions indigènes et influences grecques, in *Comptes Rendus des Séances de l'Academie des Inscriptions et Belles Lettres* 1974, p. 370 ss.

D. ADAMESTEANU, La Basilicata antica. Storia e monumenti, Cava dei Tirreni 1974, p. 131 ss.

H. DILTHEY, Sorgenti acque e luoghi sacri in Basilicata, in Scritti in onore di D. Adamesteanu, Matera 1980, p. 552 ss.

E. LATTANZI, Garaguso (Matera), in *Studi Etruschi* XLIX, 1981, p. 478 ss.

EAD., L'attività archeologica in Basilicata nel 1981, in Atti del XXI Convegno di Taranto, 1981, p. 279 ss.

A. TRAMONTI, Note per la carta archeologica di San Mauro Forte, in Studi in onore di D. Adamesteanu, Galatina 1983, p. 89 ss.

J. P. MOREL, Garaguso, in Bibliografia Topografica della Colonizzazione Greca in Italia, VII, Pisa-Roma 1989, p. 549 ss.


## VOTIVI

### Marmo

1. Modellino di tempio con statua di divinità femminile. Tempio a pianta rettangolare con tetto a doppio spiovente e, sulla fronte, apertura rettangolare inquadrata da due pilastrini.
Figura femminile con diadema, seduta in trono. Fori sulle mani e sul grembo indicano che la divinità reggeva un bambino o un piccolo animale.
Tempietto: alt. 42; lungh. 51; largh. 36.
Statuetta: alt. 21; largh. 12,5. Museo Provinciale Potenza.
480-470 a.C.

### Terracotta

2. Figura femminile seduta, con alto *polos* sul capo.
Alt. 10; largh. 6. Ricomposta, lacunosa. Inv. 22807. Seconda metà VI sec. a.C.

3. Figura femminile panneggiata, seduta; lunghe trecce sul petto.
Alt. 13; largh. 5,5. Ricomposta, acefala. Inv. 169596. Fine VI sec. a.C.

4. Figura femminile panneggiata, seduta su trono; *polos* e velo sul capo.
Alt. 9,1; largh.5,6. Integro. Inv. 22815. Prima metà V sec. a.C.

5. Figura femminile panneggiata, seduta; trecce ricadenti lungo il collo e sul petto.
Alt. 18; largh. 11. Ricomposto, acefala. Inv. 22819. Prima metà V sec. a.C.

6. *Kourotrophos* che regge un bambino con il braccio sinistro.
Alt. 12,5; largh. 6. Lacunosa. Inv. 22820. Prima metà V sec. a.C.

7. Demetra stante, che regge un piccolo cinghiale vivo.
Alt. 21; largh. 9,6. Lacunosa. Inv. 22812. Metà V sec. a.C.

8. Figura femminile panneggiata e stante, che regge, con la mano destra, un attributo non identificabile; alto *polos* sul capo.
Alt. 1; largh. 3. Ricomposta. Inv. 134953. Seconda metà VI sec. a.C.

9. Gambe e mano sinistra di figura femminile seduta.

Alt. 8,8; largh. 8. Frammento, lacunoso. Inv. 169387. V sec. a.C.

10. Parte superiore di figura maschile stante, con il braccio destro ripiegato.
Spessa placca appiattita. Alt. 17; largh. 10,5. Frammento, lacunoso. Inv. 169386. Prima metà VI sec. a.C.

11. Figura maschile stante, con mantello.
Alt. 7,5; largh. 3. Lacunosa. Inv. 169554. Seconda metà VI sec. a.C.

12. Parte superiore di figura maschile stante, con mantello ricadente sul braccio sinistro.
Alt. 7,7; largh. 5,7. Frammento, lacunoso. Inv.169599. Fine VI sec. a.C.

13. Parte superiore di figura maschile stante, che regge, con la mano destra, il mantello.
Alt. 8; largh. 9. Lacunoso. Inv. 169214. Metà V sec. a.C.

14. Figura maschile panneggiata e stante, che regge, con la mano destra, un cinghiale e, con la sinistra, il mantello.
Alt. 17; largh. 7,6. Lacunosa. Inv. 169392. Metà V sec. a.C.

15. Testa femminile con polos.
Alt. 8,5; largh. 5,5. Lacunosa. Inv. 169600. Seconda metà VI sec. a.C.

16. Testa femminile con polos.
Alt. 6,5; largh. 4,8. Lacunosa. Inv. 169603. Seconda metà VI sec. a.C.

17. Testa femminile con basso polos e capelli a bande ricadenti lungo il collo.
Alt. 8; largh. 5,2. Lacunosa. Inv. 22804 . Prima metà V sec. a.C.

18. Testa femminile con basso polos e velo.
Alt. 6,2; largh. 4,6. Lacunosa. Inv. 22805. Prima metà V sec. a.C.

19. Testa femminile con basso polos e velo.
Alt. 10; largh. 6,2. Lacunosa. Inv. 22808. Prima metà V sec. a.C.

20. Testa femminile con polos e velo; orecchini a disco.
Alt. 12,5; largh. 10,5. Lacunosa. Inv. 22816. Seconda metà VI sec. a.C.

21. Testa femminile con polos e velo; orecchini a disco.
Alt. 12,8; largh. 11,2 . Lacunosa. Inv. 22817. Seconda metà VI sec. a.C.

22. Testa femminile con polos e velo; orecchini a disco.
Alt. 12; largh. 12,5. Due frammenti ricomposti. Inv. 22818. Seconda metà VI sec. a.C.

23. Testa maschile con capelli ondulati e striati; cercine sul capo.
Alt. 8,2; largh. 5,6. Lacunosa. Inv. 169605. Seconda metà VI sec. a.C.

24. Colomba.
Alt. 4,5; largh. 6,5. Integro. Inv. 22810. VI-V sec. a.C.

25. Rilievo di cui resta la fiaccola a croce di Demetra.
Alt. 8,5; largh. 6,3. Frammentario, lacunoso. Inv. 169365. V sec. a.C.

26. Rilievo con scena di banchetto funebre di cui resta parte di figura di Sileno.
Alt. 10; largh. 6,6. Frammentario, lacunoso. Inv. 22813. IV sec. a.C.

ORNAMENTI

27. Fibula ad arco leggermente ingrossato e staffa quadrangolare. Bronzo.
Largh. 8. Integra. Inv. 169183. Seconda metà IV sec. a.C.

## VASELLAME METALLICO

28. *Phiale* con piccolo *omphalos* centrale.
Bronzo. Alt. 2,5; diam. 13. Foro sotto l'orlo per la sospensione. Ricomposta, lacunosa. Inv. 135294. V-IV sec. a.C.

## CERAMICA

29. Coppa attica a figure nere, con palmetta e parte di figura femminile in corsa.
Gruppo di Haimon.
Alt. 6; diam. piede 7,1. Frammentaria, lacunosa. Inv. 169620. 480 - 470 a.C.

30. Frammento di *lekythos* attica a figure rosse, con figura femminile panneggiata.
Alt. 8,2; largh. 5. Inv. 169346. Primo quarto V sec. a.C.

31. *Lekythos* panciuta a vernice nera. Linea paonazza sulla spalla.
Alt. 13,1; diam. fondo 5. Lacunosa. Inv. 169586. Fine VI sec. a.C.

32. *Oinochoe* attica a vernice nera.
Vernice lucente. Alt. 6,8; diam. base 8,5. Lacunosa. Inv. 135204. Fine VI - V sec. a.C.

33. Coppetta a vernice nera.
Alt. 3,4; diam. orlo 8. Integra. Inv. 169256. IV sec. a.C.

34. Coppetta a vernice nera.
Vernice lucente. Alt. 3,7; diam. orlo 5,4. Integra. Inv. 169587. IV sec. a.C.

35. *Kothon* miniaturistico a vernice bruna.
Alt. 2,8; diam. 5,7. Integro. Inv. 169585. IV sec. a.C.

36. Cratere miniaturistico su alto piede, acromo.
Alt. 4,5; diam. orlo 3,8. Integro. Inv. 169612 . VI sec. a.C.

37. Cratere miniaturistico acromo.
Alt. 5,3; diam orlo 5,5. Ansa lacunosa. Inv. 169565. IV sec. a.C.

38. Cratere miniaturistico acromo.
Alt.4,7; diam. orlo 5,2. Ansa lacunosa. Inv. 169566. IV sec. a.C.

39. Cratere miniaturistico su piede, acromo.
Alt. 6,8; diam. orlo 5,3. Ricomposto, orlo scheggiato. Inv. 169572. IV sec. a.C.

40. *Skyphos* miniaturistico acromo.
Alt. 4; diam. orlo 4,5 . Integro. Inv. 169614. V sec. a.C.

41. Coppa miniaturistica acroma .
Alt. 2; diam. orlo 6. Integra. Inv. 169576 . IV sec. a.C.

42. Coppetta monoansata miniaturistica a bande.
Alt. 2,4; diam. orlo 6. Pennellata a vernice nera sull'ansa. Ricomposta. Inv. 169640. IV sec. a.C.

43. Piatto miniaturistico, con orlo estroflesso, a vernice nera opaca.
Alt. 1,5; diam. orlo 9. Integro. Inv. 169659. Seconda metà del IV sec. a.C.

44. *Phiale* miniaturistica con *omphalos* appiattito.
Alt. 1,8; diam. 7,4. Integra. Tracce di colore bianco. Inv. 169563. V-IV sec. a.C.

45. *Phiale* miniaturistica acroma con *omphalos* appiattito.
Alt. 1,9; diam. 8. Integra. Inv. 169564. V-IV sec. a.C.

46. Patera miniaturistica acroma con focaccia, resa a rilievo, al centro della vasca.
Diam. 5,6. Integra. Inv. 22814. V-IV sec. a.C.

*Elemento di thymiaterion con figura femminile [cat. 27]*

*Felice Gino Lo Porto*

# Il Santuario di Timmari

L'esteso altopiano di Timmari sorge nella media valle del fiume Bradano, a circa 12 km ad ovest di Matera, e comprende una serie di alture in media di m 440 sul livello del mare, tutte interessate da cospicue testimonianze archeologiche: le più antiche risalenti all'età neolitica e a quella del Bronzo e attestanti una continuità di stanziamenti umani che con qualche intermittenza sembrano raggiungere l'età romana e medioevale.

La posizione elevata del luogo congiunta alla fertilità del suolo e alla presenza di numerose sorgenti, nonchè la prossimità alla imponente rete viaria che collegava le grandi città coloniali della costa ionica (Taranto e Metaponto) con gli insediamenti enotri e peuceti dell'entroterra, contribuirono a fare di Timmari un centro indigeno assai evoluto e fortemente ellenizzato, con un fiorente abitato, una estesa necropoli ed un santuario extraurbano di notevole importanza.

Gli scavi di Domenico Ridola, condotti saltuariamente fra il 1922 e il 1929 in contrada "Lamia di San Francesco", (fig. 4) mettevano in luce una vasta area sacra con una concentrazione di ritrovamenti archeologici in due luoghi distinti (Zone A e B), tali da far pensare alla coesistenza di almeno due culti nello stesso santuario.

L'accertata presenza nelle due zone di grossi blocchi squadrati induce a credere alle fondazioni di edifici sacri, templi o sacelli, i quali trovano riscontro nella scoperta sul luogo di antefisse fittili ed altri elementi architettonici; mentre nella zona B le tracce di un muro, rilevate per oltre m. 80 di lunghezza, farebbero pensare ad un vero e proprio *temenos* del santuario. Inoltre, la scoperta, nella zona A, di condutture idriche (embrici e tubi fittili) sembrerebbe suggerire un diretto rapporto di queste strutture con un culto locale delle acque, correlato all'esistenza sul luogo di una sorgente e attestato dal ritrovamento di numerosi vasetti miniaturistici, come in molti altri santuari analoghi della costa ionica e dell'interno ellenizzato della Lucania (Herakleia, San Biagio della Venella, Cozzo Presepe, Tinchi, Braida di Serra di Vaglio, Rossano, Monticchio, Ruoti, ecc.).

L'ingente massa di materiale votivo, raccolto in questa zona A e rappresentato da statuette di offerenti (cat. 4), protomi e busti fittili, *thymiateria* (cat. 27), vasi rituali recanti dipinta la fiaccola a croce, nonchè un piatto a vernice nera con l'invocazione (*pai*) alla figlia di Demetra, ha rivelato in concreto l'esistenza di un culto delle divinità eleusine, con predominanza di Kore-Persephone, nel loro aspetto peculiare di protettrici della natura feconda e della salute. Altri precisi riscontri di una frequenza del santuario, in riferimento alla celebrazione del culto ctonio a Timmari nel pieno VI sec. a.C., ci provengono dal ritrovamento nella stipe votiva di vasi subgeometrici "enotri", tipici del Materano, accanto a tazze "ioniche" (forma B2) di produzione coloniale, attestando l'incontro dei

*Fig. 4. Timmari. Contrada Lamia. Scavi Ridola*

due mondi: quello indigeno e quello greco in un contesto squisitamente religioso.

Più o meno contemporaneamente compaiono nel santuario le prime "maschere" d'imitazione rodia e di produzione tarantina, proprie del culto ctonio e che aprono la fitta serie di protomi e busti, che raggiungeranno il culmine della loro presenza nella seconda metà del IV per affievolirsi gradualmente nel III sec. a.C. in relazione all'attenuarsi del ritmo di frequenza del santuario (cat. 8).

Negli ultimi decenni del IV sec. a.C., come nei santuari di Demetra a Herakleia e a Santa Maria d'Anglona, anche a Timmari si avverte un indebolirsi del culto ctonio originario a vantaggio del fiorire di nuovi culti, come quello di Artemide, rappresentata con la *leonté* sul capo, il cui accostamento a Demetra e Kore, signore della fertilità dei campi e degli armenti, può spiegarsi con il carattere agreste della dea *agrotera*. Anche la contemporanea presenza culturale di Herakles nel santuario è conforme al carattere del suo culto, che d'ora in avanti avrà largo seguito fra le popolazioni rurali italiche.

Più massicce nel corso del IV sec. a.C., per influsso e diffusione della coroplastica votiva di Taranto, si rivelano le testimonianze del culto di Afrodite, la cui sede a Timmari è lecito individuare nella zona B di "Lamia San Francesco", da cui sembra provenire la parte più cospicua della stipe, come oggetti d'ornamento anche in metalli preziosi (cat. 21), bronzi, monete di argento di città magnogreche e frammenti di vasi dipinti, fra i quali uno di vaso apulo con residui di scena erotica e la didascalia incisa *Aphrodite*, reimpiegata con epigrafe dedicatoria.

Con questa eloquente conferma di un culto di Afrodite a Timmari si accompagna la nutrita serie di terrecotte (cat. 6) fra la quale emerge, come a Taranto e Herakleia, il gruppo degli *oscilla* o *diskoi* in cui il busto della dea è affiancato a rilievo da Eros e la colomba o da Eros (cat. 12) e Pothos.

A questi ex-voto si aggiungono le numerosissime statuette della dea seduta, a Satyrion (nei pressi di Taranto) pertinenti tanto al culto di Persephone-Kora-Gaia quanto a quello di Afrodite *Basilis*, forse in relazione ad una documentata associazione dei due culti nel mondo greco, che in ambiente indigeno ellenizzato, come a Timmari, sembrerebbe evolversi in un processo di assimilazione e di sincretismo culturale.

In virtù di questa ambivalenza di molti ex-voto fittili della seconda metà inoltrata del IV sec. a.C., è facile attribuire anche al culto di Afrodite alcune protomi e qualche busto di spiccato stile tarantino, mentre sarebbe lecito ascrivere esclusivamente al culto della dea della bellezza muliebre la folta schiera di statuette dette "tanagrine", ispirata dalla coroplastica ellenistica di Taranto e spesso segnate da forti accenti locali. Si collegano, inoltre, col culto di Afrodite alcune buccine ricavate da conchiglie tortili rin-

*Figura femminile panneggiata [cat.4]*

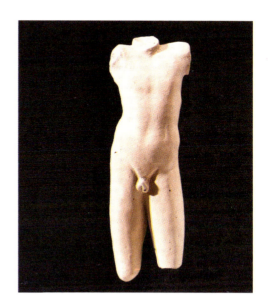

*Erote [cat. 6]*

21

*Busto femminile con acconciatura a krobylos [cat. 8]*

venute nella stipe come nella colonia greca di Herakleia, la cui origine marina ben si accorda con quella altrettanto marina della dea.

Cinturoni di bronzo, armi e attrezzi in ferro d'uso agricolo e artigianale, scoperti nelle due zone dell'area sacra in argomento, ci offrono, infine, un quadro sociale ben definito, dove ad una classe "dominante", a cui è facile attribuire le offerte più pregiate raccolte nella stipe, fa riscontro una classe "produttiva" principalmente fondata sull'agricoltura: l'una e l'altra non disgiunte da attività guerriere.

Da tutto ciò emerge l'aspetto anche maschile del culto esercitato a Timmari, non diversamente da quanto ci è documentato in altri santuari lucani ellenizzati.

*Pendente in oro a testa leonina [cat. 21]*

*Bibliografia di riferimento*
F.G. LO PORTO, Timmari. L'abitato, le necropoli, la stipe votiva, Roma 1991.

*Disco con busto di Afrodite con diadema [cat. 12]*

VOTIVI

*Marmo*

1. Testina femminile con capigliatura raccolta sulla nuca in un *krobylos*. Benda triangolare e *kekryphalos* indicati e non rifiniti.
Marmo bianco greco. Alt. 8; largh. 5,7. Inv. 5137. 470-460 a.C.

*Terracotta*

2. Figura femminile panneggiata e seduta su roccia; capigliatura fermata da una corona di foglie. Alt. 13; largh. 7. Tracce di colore bianco. Integra. Inv. 6177. Prima metà III sec. a.C.

3. Figura femminile panneggiata, seduta e con al-

to *polos*, che regge, con la mano destra, una tagliola e, con la sinistra, un leprotto.
Alt. 16; largh. 5,5. Integra; lacuna alla base. Inv. 5663. Prima metà IV sec. a.C.

4. Figura femminile panneggiata, stante su plinto, che regge, con la mano destra, un'*oinochoe*, e, con la sinistra ripiegata sul petto, una coppa; orecchini a disco, collana a tre pendenti.
Alt. 24; largh. 9,5. Ricomposta. Inv. 5833. Metà V sec. a.C.

5. Figura femminile panneggiata, stante su base rettangolare, che regge, con la mano destra ripiegata al petto, un frutto. Tutta la figura poggia obliquamente su un sostegno (trono?), modellato a mano, con alto schienale.
Alt. 13,5; largh. 5,5. Ricomposta. Inv. 5820. Metà V sec. a.C.

6. Erote.
Dietro le spalle due coppie di fori simmetrici, obliqui, per l'inserimento di elementi mobili, forse ali.
Alt. 16; largh. 6. Lacunosa, acefala. Inv. 5825. IV sec. a.C.

7. Busto femminile, con acconciatura "a melone" e diadema, che regge, con la mano destra, una melagrana e, con la sinistra, una coppa con frutta; orecchini a disco.
Alt. 29,3; largh. 15,5. Ricomposto, lacunoso. Inv. 5952. Fine IV sec. a.C.

8. Busto femminile con acconciatura a *krobylos* e corona di foglie d'edera e bacche. Chitone scollato a "V" fermato sul petto da un bottone discoidale.
Alt. 22; largh. 19,5. Ricomposto, lacunoso. Inv. 5958. Fine IV sec. a.C.

9. Testa femminile con capigliatura ornata da un diadema a listello sormontato da un largo *polos* ornato da rosette.
Alt. 31; largh. 23. Ricomposto, lacunoso. Inv. 5957. Fine IV sec. a.C.

10. Testa femminile con capigliatura fermata da una fascia da cui parte un *polos* a pieghe radiali. Due fori per la sospensione sul *polos*.
Alt. 11,5; largh. 7,7. Priva di parte del *polos*. Inv. 6186. Ultimo quarto del VI sec. a.C.

11. Parte di volto femminile, di cui si conserva il lato superiore sinistro.
Alt. 15; largh. 9,5. Due frammenti. Inv. 6226. Fine V sec. a.C.

12. Disco con busto di Afrodite con diadema. Ai lati della testa, due eroti stanti presso un pilastro.
Alt. 21; diam. max 30. Ricomposto, lacunoso. Inv. 6205. Fine IV sec. a.C.

13. Rilievo raffigurante Artemide stante, che regge, con la mano destra, una fiaccola a fiamma guizzante e, con la sinistra, un cesto con frutta. In basso, a destra, una pantera e, a sinistra, un'erma femminile con *polos*. Placca piatta.
Alt. 41; largh. 22,5. Ricomposto, privo della parte superiore, lacunoso alla base. Inv. 6232. IV sec. a.C.

14. Lastra riproducente l'estremità sinistra del frontone di un tempio. Acroterio a palmetta, colonna ionica con volute stilizzate.
Alt. 10; largh. 6. Frammento. Inv. 5121. III-II sec. a.C.

15. Uovo.
Alt. 10. Integro. Inv. 5045. IV-III sec. a.C.

16. Gallo.
Alt. 4; lungh. 5,5. Integro. Inv. 5081. IV-III sec. a.C.

17. Bovino.
Alt. 10; lungh 9.8. Integro. Inv.5107. IV-III sec. a.C.

*Bronzo*

18. Cinturone miniaturistico, aperto, in sottile lamina. Fori lungo i bordi, due ganci fissati con chiodini e due fori per l'inserimento dei ganci.

Largh. 13. Ricomposto con integrazioni. Inv. 9013. IV-III sec. a.C.

19. Cinturone miniaturistico, in larga lamina, ripiegato e chiuso. Tre fori per l'inserimento dei ganci. Largh. 7,2. Lacunoso, privo di un gancio. Inv. 9011. IV-III sec. a.C.

ORNAMENTI

20. Collana.
Diciassette vaghi in cristallo di rocca, onice, pasta vitrea bianca e verde chiaro.
Lungh. 20. Ricomposta. Inv. 8898. III-II sec. a.C.

21. Pendente a testa leonina.
Oro. Alt. 2. Deformato. Inv.8895. V-IV sec. a.C.

22. Pendente a testa di ariete.
Oro. Alt. 2. Deformato. Inv. 8896. V-IV sec. a.C

23. Pendente a cestello decorato da motivo a rombi incisi.
Oro. Alt. 2. Deformato. Inv. 8897. V-IV sec. a.C.

24. Fibula a doppio arco decorato a spina di pesce n finta filigrana e desinente in due rosette. Staffa a lamina quadrangolare, decorata con fiore di loto inciso e con estremità filiforme ripiegata e saldata sull'arco. ˙
Argento. Largh. 10. Integra. Inv. 12573. V- IV sec. a.C.

VASELLAME METALLICO

25. *Phiale* con ampio *omphalos* centrale.
Bronzo. Alt. 3; diam. 17. Integra. Inv. 8880. V-IV a.C.

26. Tegame; anse in lamina decorata da *kymiation*, con terminazioni a palmetta.
Bronzo. Alt. 6,5; diam. max. 29. Integro. Inv. 8881. VI-V sec. a.C.

CERAMICA

27. Elemento di *thymiaterion* a sezione triangolare. Sulle tre facce, a rilievo, figura femminile gradiente a destra, che regge, con la mano destra, una melagrana e, con la sinistra, un frutto.
Alt. 28; lato base 15. Ricomposto. Inv. 5116. Fine VI sec. a.C.

28. *Skyphos* parzialmente verniciato in nero; fra le anse, in una larga fascia a risparmio, due fiaccole inclinate alternate a gruppi di segmenti verticali.
Alt. 14,2; diam. orlo 15,3. Ricomposto. Inv. 5653. Inizi V sec. a.C.

29. Piatto a vernice nera; sul fondo è incisa un'iscrizione in lettere greche (*pai*), interpretata come epiteto di Kore.
Alt. 3; diam. 15,5. Ricomposto. Inv. 8950. IV sec. a.C.

30. Frammento di vaso italiota a figure rosse raffigurante il fianco e la mano destra di una figura sdraiata su *kline*. A destra, parte di una coppa con un uovo e, in basso, parte del volto di una figura femminile (Afrodite). Al centro, graffita, l'iscrizione *Aphrodite*.
Alt. 6,5; largh. 5,5. Inv. 8952. Inizi IV sec. a.C.

VARIA

31. Ceppo da schiavi costituito da due ganasce a sezione quadrata, aperte e intenzionalmente spezzate alle estremità.
Ferro. Largh. 21. Integro. Inv. 8998. IV-III sec. a.C.

32. Catena.
Ferro. Largh. 19,7. Integra. Inv. 8989. IV-III sec. a.C.

33. Zappa.
Ferro. Largh. 28,5. Integra. Inv. 9000. IV-III a.C.

34. Buccina costituita da una conchiglia conica tortile, forata.
Alt. 6,5. largh. 18. Integra. Inv. 8957. V-IV sec. a.C.

*Gruppo raffigurante hierogamia [cat. 1]*

*Marcello Tagliente*

# Il Santuario di San Chirico Nuovo

Il sito di San Chirico Nuovo costituisce uno dei più importanti insediamenti indigeni della media valle del Bradano. Collegato da un sistema di tratturi ai centri limitrofi della stessa area (Tolve, Cancellara, Oppido) ed a quelli della contigua valle del Basento (in primo luogo Serra di Vaglio), almeno a partire dal VI secolo a.C. è abitato da genti di cultura c.d. nord-lucana (forse i *Peuketiantes* di cui parla Ecateo, geografo del VI secolo a.C.), affini a quelle apule. Il modello insediativo adottato, comune nei centri interni della Basilicata, è per nuclei sparsi di capanne e corrispondenti gruppi di sepolture, alternati ad ampi spazi vuoti per il bestiame e per gli orti.

Verso la fine del V secolo, probabilmente in connessione con l'arrivo di gruppi di stirpe lucana, su un ampio ed alto pianoro sembra registrarsi una sostanziale modificazione delle forme di occupazione degli spazi abitativi, con l'aggregarsi di piccoli edifici con fondazioni in muratura separati da stretti passaggi.

Nello stesso periodo, in una vallata sottostante (località Pila) si definisce un'area sacra. La presenza di acque sorgive, ancora oggi attestata in quantità significative, sembra aver condizionato la scelta del luogo e le modificazioni avvenute nello stesso santuario. Collocato in prossimità del punto di confluenza di più tratturi, il santuario di San Chirico Nuovo assume in sé tutte le caratteristiche riportate dalle fonti antiche per i luoghi sacri: vallette isolate, sorgenti d'acqua, fitta

presenza di vegetazione (prima dei recenti disboscamenti). L'importanza dell'acqua come elemento essenziale per lo sviluppo di un insediamento determina in questo, come in altri contesti indigeni della Basilicata, la sua "sacralizzazione".

Nella prima fase di vita il santuario di San Chirico è costituito solo da un piccolo sacello quadrangolare, elemento essenziale dei luoghi di culto lucani, che doveva ospitare la statua della divinità.

A pochi decenni di distanza, intorno alla metà del IV secolo a.C. viene realizzato, più a monte e dunque in probabile relazione con un'innalzamento delle acque sorgive, un secondo sacello quadrangolare di circa 6 metri di lato. Delimitato da un recinto in grandi scaglie irregolari di arenaria e con orientamento est/ovest, è collegato ad un porticato parzialmente coperto e sorretto da pilastri lignei (fig. 5). Anche in questo caso la volontà di definire lo spazio sacro (del "puro") è testimoniata da un muro in pietre irregolari che fiancheggia il portico. Nella fase della seconda metà del IV secolo a.C. il santuario assume un aspetto più monumentale e sembra strutturarsi intorno ad un breve percorso cerimoniale che, partendo, in basso, dalla sorgente (dove si svolgevano i preliminari riti di purificazione), attraverso il porticato arriva sino al recinto ed, infine, al sacello. Scarsi resti di ossa animali, rinvenute nel portico e, associate con ceramiche da cucina, in un focolare interno al sacello, costituiscono l'unica testimonianza di sacrifici e conseguentemente di pasti comuni a carattere politico-religioso, documentati in altri santuari con maggiore chiarezza. Le principali offerte votive sono state rinvenute all'interno dello stesso sacello e soprattutto, deposte, al termine delle cerimonie, per gruppi omogenei di oggetti.

Il culto è prestato in primo luogo ad una divinità femminile, che, in alcuni casi, per i suoi attributi (la *leonté*, la pelle di leone che indossa) è possibile identificare come Artemide (l'*Artemis Bendis* del *pantheon* greco, dea della caccia) (cat. 5). A lei vengono offerte dai fedeli statuette di grandi dimensioni che la

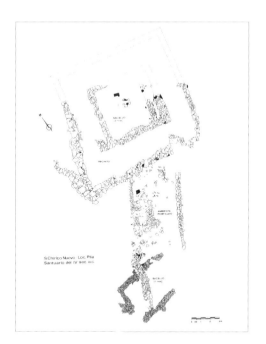

*Fig. 5 . San Chirico Nuovo. Planimetria con le due fasi del santuario*

raffigurano seduta su un trono che reca braccioli desinenti a testa di pantera. Molto più numerose sono le statuette di offerenti che recano fiaccole o portano in dono coppe votive (*phialai*), melograne e volatili. Si tratta, dunque, di una pluralità di doni che caratterizzano in genere altre figure divine come Demetra, divinità dei misteri collegati con la rinascita della natura in primavera, (cui rimanda la fiaccola) ed Afrodite, dea dell'amore (richiamata dalle colombe). Melograne, simbolo dell'immortalità, compaiono nello stesso santuario sotto forma di frutti votivi in terracotta. Altri simboli erotici, come colombe ed Eroti, sono raffigurati anche su dischi e placchette votive, sempre in terracotta.

L'unica attestazione di un culto prestato anche ad una divinità maschile è fornita da un piccolo gruppo in terracotta, forse pertinente all'alto stelo di una coppa per riti di purificazione con l'acqua (*louterion*). Si tratta di un'immagine piuttosto rara che riprende, tra l'altro, modelli iconografici di età arcaica. Il dio cinge con una mano la spalla della compagna e, in un gesto che caratterizza immediatamente il contesto matrimoniale della scena, con l'altra le stringe il seno. La donna tiene in una mano un fiore di loto (cat. 1). Le divinità raffigurate sembrano, dunque, essere Zeus ed Hera, divinità massime sotto la cui protezione viene posto il santuario di San Chirico Nuovo.

In altri casi le stesse coppe sono sorrette da eleganti steli che assumono l'aspetto di figure femminili o la forma di colonne ioniche desinenti in volti femminili (cat. 41).

Frequenti, tra le forme ceramiche, sono le coppe votive con decorazione a rilievo ed i vasi da mensa a vernice nera e a figure rosse, sia di piccole che di grandi dimensioni (cat. 45). Una serie di oggetti in terracotta di forma ovoidale, caratterizzati da due fori sotto l'ampio orlo appiattito e deposti a gruppi in particolare nell'area del porticato, potrebbe ricollegarsi ad altri riti di purificazione con la bruciatura di profumi.

Se in questo contesto l'abbondanza di statuette testimonia la partecipazione popolare al culto, un gruzzolo di monete d'argento riferibili a zecche magnogreche e due piccoli ornamenti di forma conica in oro, tutti rinvenuti nel sacello di seconda fase, documentano una frequentazione del santuario anche da parte di gruppi sociali élitari. Tra i reperti in metallo si segnalano, inoltre, uno specchio in bronzo (che conferma la frequentazione femminile del santuario), un cinturone in bronzo (relativo alla presenza di guerrieri) e ceppi di schiavo in ferro.

*Statuetta di Artemide Bendis [cat. 5]*

Artemide appare, dunque, la divinità principale di questo santuario, che come altri della Basilicata indigena sembra essere frequentato sino alla prima metà del III secolo a.C. e dunque sino alla conquista romana.

Particolarmente frequenti sono nella tradizione greca le connessioni di Artemide con le sorgenti e con le acque terapeutiche e, più in generale, con tutti i riti di purificazione che con l'acqua si compivano sia in alcuni momenti del rito (all'entrata dei santuario; prima dei sacrifici), sia in occasione del matrimonio, momento decisivo di passaggio di *status* per le fanciulle. Artemide, colei che salva (*soteira*), non solo guarisce i malati con l'acqua, protegge le future spose, ma salva gli schiavi e li rende liberi.

La condizione nuziale sembra richiamata dalla piccola scultura raffigurante un matrimonio tra divinità, mentre la presenza di ceppi da schiavo permette di documentare l'esistenza di figure servili in una società fortemente strutturata come quella dei Lucani.

*Frammento di skyphos a figure rosse [cat. 45]*

*Fusto cilindrico di louterion [cat. 41]*

*Bibliografia di riferimento*

M. Barra Bagnasco, I culti, in Greci, Enotri e Lucani nella Basilicata meridionale, (cat. mostra) Napoli 1996, p. 183 ss. (con bibl. precedente).

M. Barra Bagnasco, Malattie, medici e dei: racconti dell'archeologia, in L'arte medica tra comunicazione, relazione, tecnica e organizzazione, Torino 1996, p. 129 ss., (con bibl. precedente).

Tutti gli oggetti, esposti in mostra, appartengono alla seconda fase del santuario e si datano, pertanto, tra la prima metà del IV e la metà del III secolo a. C.

## VOTIVI

*Terracotta*

1. Gruppo plastico raffigurante una *hierogamia*. Figura femminile panneggiata e stante, che regge, in corrispondenza del petto e con la mano sinistra, un fiore di loto. Figura maschile stante, acefala, con corta tunica, che cinge, con il braccio sinistro, la spalla della figura femminile e che porta la mano destra in corrispondenza del seno destro della donna. Interno cavo (figura femminile).
Alt. 15; lungh. base 7,6; largh. base 5,7. Lacunoso. Inv. 98552.
Il gruppo faceva probabilmente parte di un *louterion* .

2. Parte superiore di statuetta femminile panneggiata, che reca, con la mano sinistra piegata all'altezza del seno, un fiore di loto; *polos* sulla testa. Retro liscio; tracce di vernice nera.
Alt. 7,5; largh. 2,7. Frammento. Inv. 96786
Simile alla figura femminile del gruppo precedente e forse parte di un *louterion* .

3. Base a due gradini di statuetta, di cui restano due piccoli piedi plastici e l'impronta di statuetta a tutto tondo
Vernice nera e decorazione a linguette sottili verticali. Alt. 4; largh. 5,3. Lacunosa. Inv. 96819.

4. Statuetta di Artemide *Bendis* con acconciatura a scriminatura centrale coperta da *leonté* e da copricapo a punta. Retro cavo.
Alt. 18,9; largh. 4,6. Ricomposta, lacunosa. Inv. 96816.

5. Statuetta di Artemide *Bendis*, come la precedente. Retro cavo.
Alt. 29,5; largh. 9,7. Lacunosa, due frammenti. Inv. 96817.

6. Frammento di statuetta di Artemide *Bendis*, di cui è conservato il braccio destro che tiene la mano posata sulla testa di una pantera.
Alt. 17,8; largh. 5,7. Lacunosa. Inv. 96737.

7. Figura femminile panneggiata, seduta in trono. Acconciatura con trecce lungo il collo, *polos* e velo ricadente in pieghe sulle spalle; orecchini a disco. Retro cavo.
Alt. 9,8; largh. 3,8. Lacunosa. Inv. 96824.

8. Figura femminile panneggiata e seduta. Acconciatura con alto nodo trattenuto da *sakkos*; orecchini a disco e collana con pendenti a ghianda. Interno cavo, retro liscio con foro di sfiato.
Alt. 15,7; diam. 2,5-7. Lacunosa. Inv. 96700.

9. Figura femminile panneggiata e seduta. Acconciatura costituita da ciocche a fiamma annodate sul capo. Interno cavo.
Alt. 15; largh. 2,7. Ricomposta, lacunosa. Inv. 96803.

10. Figura femminile panneggiata e seduta, con patera mesonfalica poco al di sotto del seno. *Polos* e velo sul capo; orecchini a disco. Interno cavo con foro di sfiato posteriore.
Alt. 17,5; largh. 3,55. Ricomposta, lacunosa. Inv. 96807.

11. Figura femminile panneggiata, seduta, con patera mesonfalica in grembo e oca nella mano sinistra. *Polos* e velo sul capo; orecchini a disco decorati da rosette. Interno cavo; retro liscio con foro di sfiato.

Alt. 13,9; largh. 4,45. Lacunosa, priva della parte inferiore. Inv. 96804.

12. Figura femminile panneggiata, seduta e con capo velato. Acconciatura con scriminatura centrale e alto nodo trattenuto da *sakkos*; orecchini circolari. Interno cavo, retro liscio con foro di sfiato.
Alt. 16,9; largh. 3,25. Lacunosa, priva della parte inferiore. Inv. 96801.

13. Figura femminile nuda, seduta.
Alt. 8; largh. 6. Lacunosa, acefala e priva della parte inferiore. Inv. 97917.

14. Protome femminile con acconciatura ad alto nodo. Retro cavo.
Alt. 23,4; largh. 7,9. Lacunosa. Inv. 97600.

15. Testa femminile con corona ad elementi circolari applicati.
Alt. 7,4; diam. 4,5. Lacunosa. Inv. 96719.

16. Testa femminile con acconciatura a scriminatura centrale e ciocca ricadente lungo il collo. Retro cavo.
Alt. 8,7; diam. 6,3. Lacunosa. Inv. 96736.

17. Testa femminile con acconciatura a scriminatura centrale, ciocche a fiamma e alto nodo trattenuto da *sakkos*.
Alt. 7,1; largh. 2,4. Lacunosa. Inv. 96800.

18. Testa femminile con *polos*. Acconciatura con ciocche a fiamma e trecce ricadenti sulle spalle; grandi orecchini a disco. Tracce di ingubbiatura bianca.
Alt. 6; largh. 2,5. Lacunosa. Inv. 96818.

19. Rilievo con Erote che offre un cesto con frutta, presso un *thymiaterion*.
Alt. 10; largh. base 5,4. Lacunoso. Inv. 98555.

20. Rilievo con figura femminile danzante.
Alt. 10,5; largh.4,5. Lacunoso. Inv. 98556.

21-30. Elementi ovoidi, cavi all'interno, con grande foro nella parte inferiore e due piccoli fori laterali; parte inferiore appiattita. Probabili elementi terminali di *thymiaterion*.
Alt. da 7,5 a 8,1; diam. da 5,9 a 6,8. Integri. Invv. 96815, 97332, 97334, 97336-8, 97340-1, 97347; 97350.

ORNAMENTI

31-32. Elementi di forma conica
Oro. Alt. 4,3; lungh. 2,4; inv. 98557. Alt. 3,7; diam. 1,5. Inv. 98558.

33-35. Vaghi cilindrici di collana.
Pasta vitrea di colore blu. Diam. da 0,8 a 1;3. Invv. 96845; 98560-1.

36. Fibula con arco a losanga e staffa orizzontale desinente in globetto.
Bronzo. Lungh. 5. Lacunosa, priva di ardiglione. Inv. 96849.

CERAMICA

37. Base di *louterion* a tronco di cono su cui si innesta il fusto liscio cilindrico.
Vernice nera e decorazione a motivi vegetali con palmette diritte e rovesciate; superiormente ovoli.
Alt. 14,1. Lacunosa, ricomposta. Inv. 96829

38. Base di *louterion*, simile alla precedente
Vernice nera opaca. Alt. 13,5; diam. 7,5. Lacunosa. Inv. 96831.

39. Fusto di *louterion* a colonna liscia su cui si innesta il capitello in stile ionico; sulle volute protome plastica triangolare.
Alt. 13,7; diam. 3,6. Lacunoso. Inv. 96832.

40. Fusto di *louterion* a forma di colonna scanalata con *appliques* a protome femminile, di cui se ne conserva una.
Vernice nera; alt. 14,6; diam. 3,8; lacunoso. Inv. 96833.

41. Fusto cilindrico di *louterion* con due *appliques* a protome femminile.
Vernice nera; sovraddipinture a girali vegetali lateralmente tra le due protomi. Alt. 11,5; diam. 4,5. Lacunoso. Inv. 97112

42. Fusto cilindrico di *louterion*.
Vernice nera; fascia a meandro spezzato alternata a bande con linguette verticali a vernice nera. Alt. 8,9; diam. 2,7-3,7. Lacunoso. Inv. 97136.

43. Fusto di *louterion* a forma di colonna ionica scanalata su base quadrata decorata da motivo vegetale a doppia palmetta inciso a crudo. Interno cavo. Alt. 22,5; largh. base 8,1. Ricomposto, lacunoso. Inv. 98554.

44. Parte superiore di *thymiaterion* costituita da fiore a calice con otto petali decorati da incisioni a crudo. Tracce di combustione sulla corolla.
Alt. 5; diam. 9,6-9,9. Lacunosa. Inv. 96808.

45. Frammento di *skyphos* a figure rosse. Erote con patera nella mano destra; volatile in basso.
Tracce di sovraddipinture.
Alt. 9; largh. 14. Inv. 96834.

46. Frammento di *skyphos* a figure rosse con figura maschile panneggiata.
Alt. 7; largh. 7,6. Inv. 97963.

47. Ansa di cratere configurata a protome leonina.
Alt. 6,5; largh. 7,8. Inv. 96806.

48. *Kantharos* a vernice nera.
Alt. 11; diam. piede 6,4. Ricomposto. Inv. 98553.

49. Coppetta monoansata a vernice nera.
Alt. 5; diam. orlo 9. Piede e ansa lacunosi. Inv. 97551.

50. Coppetta monoansata a vernice bruna.
Alt. 3,6; diam. 9. Integra, superficie consunta. Inv. 96792.

51. Coppetta monoansata a vernice bruna
Alt. 3,7; diam. 9,5. Integra, superficie consunta. Inv. 96793.

52. Coppetta a vernice nera.
Alt. 4,2; diam. 4,9. Integra. Inv. 97445.

53. Coppetta a vernice nera.
Alt. 3,6; diam. 5,9. Integra. Inv. 97520.

54. Coppetta a vernice nera.
Fondo forato intenzionalmente. Alt. 3,5; diam. orlo 7. Piede lacunoso. Inv. 97172.

55. Coppetta a vernice nera.
Alt. 4,4; diam. orlo 6,7. Integra, orlo scheggiato. Inv. 98562.

56. *Oinochoe* miniaturistica a vernice nera.
Alt. 6,4; diam. 2,5. Integra. Inv. 96835.

57. *Stamnos* miniaturistico acromo.
Alt. 6,3; diam. 3,4. Integro, orlo consunto. Inv. 97528.

58. *Stamnos* miniaturistico acromo.
Alt. 5,75; diam. 4,3. Integro, orlo lacunoso. Inv. 97459.

59. *Stamnos* miniaturistico acromo.
Alt. 5,3; diam. 2,7. Integro, orlo lacunoso. Inv. 97415.

60. Coppetta miniaturistica a vernice nera.
Alt. 2,3; diam. 4,95. Integra. Inv. 96714.

61. Coppetta miniaturistica a vernice nera.
Alt. 2,2; diam. 4,5. Integra. Inv. 96715.

62. *Phiale* decorata a stampo all'interno della vasca, con palmette alternate a fiori di loto intervallati da motivo a ovoli.
Diam. 18,6. Frammentaria. Inv. 96813.

*Elemento di thymiaterion in bronzo [cat. 16]*

*Alfonsina Russo*

# Il Santuario di Armento

L'avvio della ricerca archeologica ad Armento, centro ubicato in un punto topograficamente rilevante tra la media valle del fiume Agri e quella del suo affluente Sauro, si lega, nella letteratura archeologica, alle straordinarie scoperte effettuate nel 1814, tra le quali la celebre corona aurea di *Kritonios*, la statua bronzea del Satiro inginocchiato, conservate nelle *Antikensammlungen* del Museo di Monaco di Baviera, e altri reperti ora dispersi nei più importanti musei del mondo.

In località Serra Lustrante, zona dalla notevole produttività agricola, ricca di acque sorgive e alla confluenza di tratturi provenienti dalla Lucania orientale, dalla colonie greche della costa ionica e dall'ambito tirrenico, si sviluppa un insediamento lucano, la cui ricchezza è confermata dal pregio e dalla rarità di alcuni oggetti provenienti dalla corrispondente necropoli.

Alla seconda metà del IV sec. a. C. risale la prima fase del monumentale santuario di Eracle, che da quest'epoca sembra rivestire il ruolo di centro economico, politico e religioso delle comunità indigene insediate nella media Val d'Agri. L'area sacra si sviluppa, tra la fine del IV e gli inizi del II sec. a.C., su una stretta e lunga sella alla confluenza di numerosi tratturi della transumanza e posta a controllo di un territorio segnato da una serie di rilievi collinari, ricchi di boschi e di sorgenti, e da corsi d'acqua a carattere torrentizio.

Fin dai primi momenti di vita del santuario appare centrale il ruolo dell'acqua nel rito e nel culto. La prima fase è infatti caratterizzata da una serie di strutture collocate sulla terrazza inferiore, tra cui un piccolo sacello (che probabilmente custodiva la statua di culto), l'altare antistante, una sala per banchetti, un pozzo-cisterna e una vasca. Tra quest'ultima e l'altare si dispiega un percorso cerimoniale, costituito da una fascia pavimentale in mattoni, lungo il quale venivano espletati funzioni e riti connessi con l'uso dell'acqua e, probabilmente, con il sacrificio cruento.

Successivamente, durante i primi decenni del III sec. a.C., il luogo sacro si monumentalizza modellandosi su esempi architettonici desunti dall'ambito greco ellenistico, con due terrazze raccordate da un'ampia scalinata (fig. 6). Su ciascuna terrazza apprestamenti particolari rimandano a due aree cultuali topograficamente distinte, ma collegate tra loro attraverso una "via sacra".

Su quella inferiore, il più antico sacello viene obliterato e si costruisce un *naiskos* identico al precedente, circondato da un nuovo percorso cerimoniale pavimentato che collega la scalinata alla cisterna, ad un bacino lustrale e all'altare (*bomós*) (cat. 16). Accanto al *bomós* erano collocate due basi modanate, probabili supporti di statue bronzee e di offerte. Tale sistemazione reale, per la processione sacra durante la quale la vittima veniva condotta al sacrificio, sembra suggestivamente ri-

*Fig. 6 . Armento. Planimetria del santuario*

chiamare immagini riprodotte sui vasi attici a figure rosse in cui lo spazio del santuario, come ad Armento, è organizzato intorno all'altare e alla vasca lustrale.

In questa fase la cisterna viene monumentalizzata, raccordata a un lungo e complesso corridoio sotterraneo utilizzato per la captazione delle acque sorgive e alimentata da una serie di canali in terracotta che convogliavano le acque piovane provenienti dalla terrazza superiore. Dietro l'altare, verso est, si apre

una serie di vani di servizio decorati da antefisse, delle quali resta una a testa di Gorgone (cat. 31).

Sulla terrazza superiore si sviluppano ampi ambienti, di cui uno destinato a sala per banchetti, per il consumo delle carni arrostite e del vino, con un focolare centrale e una banchina laterale con patere con ossa di volatili ancora *in situ*. Strettamente connesso con la sala per banchetti è un particolare apprestamento costituito da quattro vasche interrate (*bothroi*) prive di fondo, di cui tre, dalle stesse dimensioni, hanno le pareti intonacate di rosso-porpora, colore che ricorda quello del sangue. Tra di esse è la base modanata di un'ara, innanzi alla quale è un plinto, anch'esso in arenaria, per statua o, più verosimilmente, per vasi o altri oggetti funzionali al rito. L'ara, in questo caso, può essere considerata una sorta di *mensa*, ove il corpo della vittima veniva trattato per la raccolta del sangue da offrire successivamente nei *bothroi*.

L'attestazione, infine, di grandi *louteria*, individuati in tutta l'area del santuario, e l'iterazione di *louteria* in miniatura, rinvenuti nel piccolo sacello, confermano la centralità dell'acqua nel culto.

La divinità destinataria del culto appare essere Eracle, di cui restano parti (la clava e la pelle di leone con la faretra, cat. 7) di una statua bronzea alta circa 60 cm. In base alle fonti letterarie e in seguito alla ricerca archeologica, il culto dell'eroe-dio, sia in Grecia che in Occidente, coincide solitamente con luoghi ricchi d'acqua e di sorgenti. Nel santuario di Armento, Eracle sembra presiedere a riti iniziatici ricollegandosi, da un lato, in quanto eroe della palestra, ai valori dell'atletismo e rappresentando, dall'altro, il paradigma eroico della *virtus* dei guerrieri lucani. Il carattere di alcuni ex-voto miniaturistici rimanda infatti alla *paideia* maschile e soprattutto all'universo giovanile: all'educazione atletica, con l'allenamento e la cura del corpo da parte degli efebi, e all'agonismo, concepiti come una preparazione ai doveri militari, allude il corredo sportivo costituito dal gruppo *aryballos*-strigile; alla caccia rimandano le punte di freccia; alla guerra l'offerta delle punte di lancia; all'agricoltura gli attrezzi, quali la scure e il falcetto.

*Leonté in bronzo [cat. 7]*

*Figura femminile con leprotto [cat. 5]*

*Antefissa a protome di Gorgone* [cat. 31]

Accanto ad Eracle, ad Armento sembra attestata un'ulteriore figura maschile divina, Dioniso, che allude simbolicamente al simposio, alla sessualità e alla fertilità. Al dio del vino rimandano un *kantharos*, di cui resta solo il piede, e la parte inferiore di un otre. Il primo oggetto è l'attributo per eccellenza di Dioniso, mentre l'otre, contenitore del vino puro, è associato anche a personaggi del *thiasos* dionisiaco, soprattutto Satiri e Sileni (cat. 30).

Alquanto problematica appare la presenza di un culto prestato ad una divinità femminile all'interno del santuario; ad esso rimandano una statuetta di divinità femminile velata seduta in trono, due busti fittili e un probabile scettro bronzeo desinente in bocciolo di fiore di melograno, pianta particolarmente legata a Kore-Persefone, dea connessa al ciclo naturale vita-morte e agrario.

Al *mundus miuliebris* allude l'offerta di ornamenti miniaturizzati, quali le fibule e l'armilla, di strumenti e oggetti da toletta, quali le spatoline, gli unguentari, una cista e il *lebes gamikós*. Chiaro è inoltre il riferimento alle consuete occupazioni femminili all'interno dell'*oikos* ed in particolare all'attività della tessitura e della filatura, come evidenziato dalle fuseruole e dai numerosi pesi da telaio sparsi in tutta l'area del santuario.

Sia alla sfera femminile che a quella maschile si riferiscono probabilmente le statuette di offerente con leprotto, animale caro ad Afrodite e che nell'immaginario greco rappresenta uno dei doni erotici per eccellenza (cat. 5). Strettamente connessi con i rituali iniziatici, in quanto simbolo di rinascita a nuova vita, sono l'uovo bronzeo, ritrovato nel sacello, e i resti di autentiche uova di volatili, all'interno dei due busti in terracotta, collocati insieme alle altre statuette, in una teca nella sala per banchetti della terrazza supe-

*Antefissa a protome di Sileno [cat. 30]*

riore. Nei riti di passaggio è, infatti, fondamentale la funzione ideologica della morte simbolica (morte iniziatica) che diventa momento di transizione verso una nuova condizione, una nuova "vita".

*Bibliografia di riferimento*

D. ADAMESTEANU, Una tomba arcaica di Armento, in *Atti e Memorie della Società Magna Grecia* XI-XII, 1970-71, p.83 ss.

J. DE LA GENIÈRE, Epire et Basilicate. À propos de la couronne d'Armento, in *Mélanges de l'École Française de Rome. Antiquité* 101, 1989, 2, p. 691 ss.

A. RUSSO TAGLIENTE, Il santuario lucano di Armento-Serra Lustrante, in Greci, Enotri e Lucani nella Basilicata meridionale, (cat. mostra), Napoli 1996, p. 190 ss.

Tutti i reperti, esposti in mostra, sono relativi alle principali fasi di vita del santuario e si datano tra la metà del IV e la metà del III secolo a. C.

VOTIVI

*Terracotta*

1. Busto femminile con alto *polos*. Interno cavo con foro di sfiato sul retro.
Alt.16,6; largh. max.13. Ricomposto; matrice stanca. Inv. 211117.

2. Busto femminile con alto *polos*. Interno cavo con, sul retro, foro di sfiato.
Alt. 15,4; largh. max. 12,2. Ricomposto, lacunoso; matrice stanca. Inv. 211118.

3. Figura femminile panneggiata e seduta. Interno cavo con, sul retro, placca appiattita e foro di sfiato.
Alt. max. 16,7. Acefala. Inv. 211119.

4. Figura femminile panneggiata e seduta, con leprotto trattenuto dal braccio e dalla mano sinistri. Interno cavo con, sul retro, placca appiattita e foro di sfiato.
Alt. 18,5. Ricomposta, lacunosa. Inv. 211120.

5. Figura femminile panneggiata e seduta, con leprotto trattenuto dal braccio e dalla mano sinistri. Interno cavo con, sul retro, placca appiattita e foro di sfiato.
Alt. 18,5. Ricomposta, lacunosa. Inv. 211121.

6. Protome equina. Interno cavo.
Lungh. max. 5,4. Inv. 49762.

*Bronzo*

7. *Leonté*, ripiegata e poggiata sulla faretra, con criniera a ciocche spettinate e coda attorcigliata tra le zampe posteriori. Fusione.
Alt. 10,8; lungh. 14,2; largh. 8. Integra. Inv. 35667.

8. Clava con fusto nodoso e scanalature presso l'impugnatura. Fusione.
Lungh. 16,8. Integra. Inv. 35668.

9. Capigliatura a ciocche sottili, ineguali e spezzate che si dipartono dalla parte centrale con un motivo quasi a stella. La calotta era saldata al resto della capigliatura tramite una giuntura che si definisce usualmente "a fascia continua". Fusione.
Alt. 3,4; diam. 7,1. Integra. Inv. 35671.

10-11. Dita di mano leggermente piegate, con unghia resa accuratamente. Frammenti di statua. Fusione.
Lungh. max. 4,6 e 5,8. Lacunose. Inv. 35664-5.

12. Gruppo miniaturistico costituito da uno strigile e da un *aryballos* a corpo lenticolare, con piccolo coperchio, sospeso ad un doppio laccio. Fusione.
Lungh. 12,6. Integro. Inv. 35670.

13. Uovo.
Interamente cavo con foro passante longitudinale. Fusione.
Alt. 5,8; diam. max. 4,5. Integro. Abrasioni sulla parte inferiore. Inv. 35666.

14. Otre. Sottile lamina allungata terminante con piccola appendice che riproduce realisticamente la parte inferiore di una sacca vuota di otre. Fusione.
Alt. 23,2; lungh. 9,2. Lacunosa. Inv. 35660.

15. Piede di *kantharos*. Fusione. Interno cavo con foro passante longitudinale.
Alt. 5,5; diam. 6,2.Inv. 35662.

16. Elemento di *thymiaterion* con stelo a sezione circolare e corolla mobile a sei petali. Fusione.
Alt. max. 16. Frammentario. Inv. 211130.

17. Scettro miniaturistico desinente in un bocciolo di melograno. Fusione.
Lungh. max. 25,2. Due frammenti ricomposti. Inv. 211135.

18. Scure miniaturistica con immanicatura a cannone e piccola lama trapezoidale. Fusione.
Lungh. 14. Integra. Inv. 211129.

19. Punta di freccia a tre alette con breve immanicatura a cannone.
Lungh. 3; diam. 0,5. Integra. Inv. 211338.

*Ferro*

20. Punta di lancia miniaturistica con immanicatura a cannone e lama triangolare a sezione lenticolare con costolatura mediana.
Lungh. 7,7. Integra. Inv. 211127.

21-23. Punta di lancia miniaturistica con immanicatura a cannone e lama a sezione lenticolare foliata.
Lungh. da 5,3 a 7,6; largh. da 0,9 a 1. Ricomposte. Inv. 211252-4.

24. Coltello miniaturistico. Fusione.
Lungh. max. 9,7. Integro. Inv. 211126. .

25. Falcetto miniaturistico.
Lungh. max. 4,1. Lacunoso. Inv. 211128.

ORNAMENTI

26. Armilla miniaturistica con estremità desinenti a protome di serpente. Bronzo.
Largh. max. 2. Integra. Inv. 211134.

27. Fibula miniaturistica ad arco semplice rialzato.
Bronzo. Lungh. max. 1,7. Frammentaria. Inv. 211125.

28. Fibula ad arco semplice a losanga, breve staffa appiattita desinente in apofisi a bocciolo.
Bronzo. Lungh. 3,8. Frammentaria. Inv. 211124.

29. Fibula ad arco nastriforme, staffa media desinente in peduncolo rialzato, ardiglione mobile anch'esso desinente in peduncolo rialzato.
Bronzo. Lungh. 4. Lacunosa. Inv. 211340.

ELEMENTI DI DECORAZIONE ARCHITETTONICA

30. Antefissa a protome di Sileno. Retro con traccia di aggancio per coppo semicircolare
Terracotta. Alt. 18. Lacunosa superiormente. Inv. 35040.

31. Antefissa a protome di Gorgone di tipo calmo. Retro con traccia di aggancio per coppo semicircolare.
Terracotta. Alt. 15,5. Lacunosa superiormente. Inv. 35669.

*Testina femminile [cat. 12]*

*Salvatore Bianco*

# Il Santuario di Chiaromonte

Chiaromonte è il sito archeologico più importante della valle del Sinni, via fluviale di collegamento tra Ionio e Tirreno. La posizione dominante sul territorio, una vera acropoli tra il Sinni e la retrostante valle del Serrapotamo ad oltre settecento metri sul livello del mare, è particolarmente favorevole all'insediamento. A parte le scarse tracce insediative di età tardo-neolitica e dell'età del Bronzo in contrada Sotto La Croce, il sito risulta abitato ininterrottamente a partire dal IX sec. a.C..

Dell'insediamento enotro-italico (IX-V sec. a.C.), di quello di età lucano-romana (IV-I sec. a.C.) e dell'abitato altomedievale non si conosce nulla. E' possibile che le realtà insediative sorgessero sulla sommità della collina occupata dal centro moderno di origine medievale, mentre sono note nelle immediate periferie le grandi aree cimiteriali.

Nella prima età del Ferro (IX-VIII sec. a.C.) le sepolture con il rituale dell'inumazione supina entro fosse terragne o con copertura di pietrame, in uso nel corso di tutta la *facies* enotria, sono dislocate lungo la periferia dell'attuale centro. Il sito doveva essere occupato da piccoli nuclei insediativi, al cui interno emergono già dal IX sec. a.C. personaggi maschili e femminili di ceto sociale rilevante, forse connessi con la proprietà della terra.

Tale modello sociale evolve nel corso dei secoli successivi, in particolare nel VI secolo, quando si raggiunge il massimo incremento demografico con qualche centinaio di individui per generazione.

Si tratta di quella fase piuttosto florida determinata dalle intense realtà di scambi e commerci con le aree costiere greco-coloniali ed etrusco-tirreniche, che si esaurisce intorno alla metà del V sec. a.C. Non abbiamo attestazioni della necropoli della successiva fase lucana: solo i resti di una sepoltura entro cassa di tegole ritrovati nell'attuale centro storico.

Della fase lucana si conosce l'importante complesso santuariale individuato nella parte bassa di contrada San Pasquale, lungo il trattuo in direzione di Senise.

Il santuario si sviluppa su un pendio con direzione N-S, subito a valle di una risorgiva d'acqua ubicata in una sorta di conca. Il complesso, privo di strutture monumentali, si estende sulla serie di terrazze in pendio secondo i modelli architettonici scenografici adottati in altri santuari italici (Armento, Lavello) e italioti (Herakleia) influenzati dalla grande urbanistica greca. Le terrazze sono attraversate da un lungo percorso "cerimoniale", probabilmente porticato e coperto, rappresentato da una lunga struttura, che partendo dalla sorgente si ritrova più giù fino a circa 200 metri di distanza. La sorgente, i grandi contenitori (*pithoi*) e i pozzi ritrovati lungo il percorso "cerimoniale" evidenziano il ruolo centrale dell'acqua all'interno delle pratiche cultuali, come analogamente atte-

Artemide stante [cat. 4]

parte dei depositi votivi come le buche (buche 1 - 9) o le c.d. fosse (fosse 10 e 11), nelle cui adiacenze è la grande stipe (stipe 1) rivestita con ciottoli e tegole contenente numeroso materiale votivo.

Nel corso del III secolo l'area cultuale deve essere stata monumentalizzata con il grande muro delimitante la conca della risorgiva - in un momento iniziale dello scavo interpretato come parte residuale di un possibile *oikos* - e con il percorso "cerimoniale" porticato.

Alla medesima fase devono riferirsi i resti di un probabile altare con annessi focolari a lato della sorgente e gli ambienti, molto rovinati, sui lati del percorso "cerimoniale" destinati alle pratiche del culto. Nella stipe e nei depositi votivi è significativamente abbondante la coroplastica di produzione locale derivante da modelli italioti. Rivolta al mondo femminile, comprende statuette fittili di piccole dimensioni, anche se non mancano frammenti riferibili a simulacri di notevole grandezza. Tra i tipi presenti sono le cosiddette "tanagrine" o le figure panneggiate sedute o i busti.

Tra le numerose testine, anche di ottima qualità, si ha una notevole varietà di tipi e di acconciature del capo (catt. 6, 12, 14). Sulle statuette sono riconoscibili talora degli attributi: la patera, il melograno, la colomba, la cornucopia, mentre di particolare interesse è la rappresentazione di una *kourotrophos* allattante al seno sinistro un bambino visto di schiena (cat. 5).

Tra le classi ceramiche è presente la ceramica fine a vernice nera con le forme tipiche delle libagioni (patere, coppe e *skyphoi*) e diverse varianti tipologiche al loro interno. Rara è la ceramica figurata: spicca il bel cratere tipo *Gnathia* sovradipinto con tralci di vite e maschera teatrale. Piuttosto diffu-

stato nel santuario di Armento - Serra Lustrante.

La documentazione materiale e monetale (emissioni italiote e romano-repubblicane) indica un periodo di intense frequentazioni tra la metà del IV e la seconda metà del III secolo a.C., con successive presenze sempre più limitate fino al I secolo a.C.

Alla fase più antica sembrano riferirsi gran

*Testa femminile [cat. 6]*

se sono le ceramiche da fuoco e quella comune. Abbondano anche frammenti di grandi contenitori (*pithoi*), talora riutilizzati nelle strutture e in qualche caso ancora *in situ* lungo il percorso "cerimoniale".

Tra gli altri materiali occorre citare i frammenti di vetro soffiato, le ceramiche sigillate anche di tipo tardo, le patere bronzee o diversi oggetti votivi in ferro, cui si accompagnano abbondanti scorie di lavorazione dello stesso metallo.

Il santuario di contrada San Pasquale, in sintesi, è in stretta relazione con la vicina rete di tratturi e in particolare con la sorgente, la cui acqua diviene l'elemento primario del culto, come in tanti altri santuari italici o greci.

La sorgente, il percorso "cerimoniale" con i pozzi e i *pithoi*, particolari forme vascolari come le brocche o i *louteria* sottolineano la valenza sacrale dell'acqua.

Giustamente M. Barra Bagnasco sottolinea che "nel caso di Chiaromonte, la valenza salutifica sia secondaria" per la scarsa presenza di ex-voto anatomici, mentre poteva trovare spazio il "culto della *sanatio*, legato ad Asclepio", come pure quello della fecondità. Il culto era rivolto ad una divinità femminile dalle diverse valenze connesse con la sorgente, garanzia di vita e di fertilità. In tale divinità di generica impronta demetriaca e in stretta relazione con il mondo ctonio e con i cicli di morte-rinascita possono ravvivarsi elementi iconografici rinvianti ad Afrodite, Persefone o Artemide (cat. 4). Si tratta di aspetti riflessi dalla coroplastica: dalla dea madre seduta in trono anche in atteggiamento da nutrice, ad Afrodite, forse rappresentata dalle generiche iconografie delle "tanagrine" stanti con alta pettinatura a "crocchia" o da specifici attributi quali la colomba o gli eroti su dischi fitti-

*Kourotrophos [cat. 5]*

*Testa femminile [cat. 14]*

li, ad Artemide con il corto vestito di tipo orientale e a Persefone, come sembrano suggerire i busti fittili o i simboli ctonii (melograno, capsula di papavero) o le stesse offerte all'interno dei pozzetti votivi.

Significativi in tal senso sono anche i resti faunistici dei pasti sacri o gli animali (maiale e caprovino) deposti entro buche rituali o le cinque *phialai* bronzee rinvenute alla base della grande stirpe. Circa i riti religiosi praticati, anche sulla base di analogie con i santuari coevi sopracitati, si può pensare a riti di iniziazione e di passaggio dall'età giovanile all'età adulta, in particolare per la sfera femminile. A cambiamenti di *status* possono riferirsi diversi ex-voto, quali le rondelle fittili: possibili oggetti di gioco offerti alla divinità come simbolo della passata fanciullezza o le stesse statuette fittili. Anche le libagioni o la celebrazione dei pasti comuni attestati dai focolari, dalla ceramica da fuoco o dai resti faunistici indicano rituali noti da santuari dedicati a Demetra, cui rinvia il percorso cerimoniale connesso con la sorgente.

Una divinità maschile risulta attestata da due figurine fittili e da votivi quali il morso di cavallo miniaturizzato, le armi di ferro e i crateri minuscoli, simboli della sfera virile aristocratica (cavalleria e simposio).

La presenza di un ceto dominante, d'altra parte, potrebbe essere indiziata dai resti di due iscrizioni dedicatorie, di cui una proprio sull'orlo di un frammento di *louterion* funzionale all'uso sacrale dell'acqua. Si tratta di importanti documenti che sembrano testimoniare, in analogia cón quanto attestato nel grande santuario lucano di Rossano di Vaglio, l'avvio di un processo di romanizzazione nell'area del medio Sinni che vede il coinvolgimento di esponenti di questa comunità italica.

*Bibliografia di riferimento*
Greci, Enotri e Lucani nella Basilicata Meridionale (cat. mostra), Napoli 1996.
D. Adamesteanu, H. Dilthey, Macchia di Rossano. Il Santuario della Mefitis. Rapporto preliminare, Galatina 1992.
San Bianco, Chiaromonte, San Pasquale - Santuario lucano, in Da Leukania a Lucania. La Lucania centro - orientale fra Pirro e i Giulio-Claudii, Roma 1993.
G. Pianu, Herakleia e la sua chora, in Da Leukania a Lucania. La Lucania centro-orientale fra Pirro e i Giulio-Claudii, Roma 1993.

I materiali, presentati in mostra, si riferiscono alle principali fasi di vita del santuario e si datano tra la seconda metà del IV e la metà del III secolo a.C.


VOTIVI

*Terracotta*

1. Matrice di figura femminile panneggiata e seduta. Retro irregolarmente sagomato lisciato a stecca, con iscrizione incisa a crudo.
Alt. max. 14. Frammentaria. Inv. 211095.

2. Figura femminile panneggiata e seduta, con collana a doppia fila di pendagli, che tiene, con la mano destra, una *phiale* ombelicata. Interno cavo con foro di sfiato.
Alt. max. 13,6. Lacunosa, acefala. Inv. 214511.

3. Figura femminile panneggiata e stante. Interno cavo con retro tondeggiante e foro di sfiato.
Alt. max. 27. Lacunosa; acefala. Inv. 211093.

4. Artemide stante, vestita di chitone e *apoptygma*, con pelle di leone arrotolata e avvolta intorno alla spalla sinistra e alla vita. Interno cavo.
Alt. max. 11,7. Lacunosa, acefala.Inv. 211103.

5. *Kourotrophos*.
Interno cavo con retro appiattito.

Alt. max. 9,2; largh. max. 6,7. Ricomposta, lacunosa, acefala. Inv. 211107.

6. Testa femminile con acconciatura a piccole ciocche ondulate terminanti a ricciolo e probabile *polos*. Interno cavo con retro rifinito con placca appiattita.
Alt. max. 18. Ricomposta, lacunosa. Inv. 211098.

7. Testa femminile con acconciatura a sottili ciocche a fiamma e alto nodo trattenuto da *sakkos* legato con un nastro; orecchini globulari. Interno cavo con retro appiattito e foro di sfiato.
Alt. max. 12,1. Superficie consunta. Inv. 215511.

8. Testa femminile con piccolo cercine sul capo e acconciatura a bande ondulate. Interno pieno.
Alt. max. 7,8. Lacunosa. Inv. 211104.

9. Testa femminile con diadema e alto *polos* ; trecce ricadenti sulle spalle; orecchini a disco. Interno cavo con retro appiattito e foro di sfiato.
Alt. max. 13. Lacunosa. Inv. 211100.

10. Testa femminile con basso *polos* decorato da linee orizzontali incise; acconciatura con scriminatura centrale e brevi ciocche a fiamma.
Alt. max. 5,2. Lacunosa. Inv. 211112.

11. Testa femminile con capo velato leggermente reclinato e orecchini a disco.
Alt. max. 8. Ricomposta. Inv. 211111.

12. Testa femminile con cercine vegetale sul capo reclinato; acconciatura a ciocche ondulate e scriminatura centrale; piccoli orecchini a disco. Tracce di ingubbiatura bianca.
Alt. max. 5,4. Lacunosa. Inv. 211113.

13. Testa femminile con sottile *taenia* sul capo reclinato; acconciatura a ciocche ondulate e scriminatura centrale.
Alt. max. 4,5. Lacunosa. Inv. 211114.

14. Testa femminile con corona di foglie di edera sul capo leggermente reclinato; acconciatura ad alto nodo.
Alt. max. 4,6. Lacunosa. Inv. 211115.

15. Testa femminile con corona di foglie di edera e piccoli globuli; capelli divisi da scriminatura centrale.
Alt. max. 4,5;  Integra. Inv. 21116.

16. Mammella.
Largh. 5,8. Integra. Inv. 211108.

17. Dito di mano leggermente piegato con indicazione dell'unghia.
Lungh. max. 4,3. Lacunoso. Inv. 211110.

18.  Parte di gamba con piede.
Alt. max. 12,5. Lacunosa. Inv. 211106.

19. Frammento di statua di piccole dimensioni costituito da piede su sandalo parzialmente coperto da un lembo di veste.
Alt. 3,6; lungh. max. 8,5. Inv. 211109.

20. Rilievo raffigurante Erote stante presso un pilastro, con *lekythos* nella mano destra e*kibotion* nella sinistra. Retro irregolarmente appiattito.
Alt. max. 16,2; largh. max. 10,5. Ricomposto, lacunoso. Inv. 211099.

21. Colomba.
Lungh. 7,5. Integra. Inv. 211097.

*Bronzo*

22. *Phiale*.
Laminatura. Diam. 16,5. Integra, restaurata. Inv. 211333.

23. Morso equino miniaturistico.
Lungh. 9. Lacunoso. Inv. 211332.

ORNAMENTI

24. Fibula ad arco semplice, piccola staffa quadrangolare con apofisi verticale a doppio globetto. Bronzo. Fusione. Lungh. 4. Lacunosa. Inv. 211330.

25. Fibula miniaturistica, come la precedente. Bronzo. Lungh. 2,5. Lacunosa. Inv. 211331.

CERAMICA

26. Parte superiore di *thymiaterion* costituito da fiore a calice, su alto stelo cilindrico, con otto petali allungati incisi prima della cottura.
Alt. 7,4. Lacunosa. Inv. 211096.

27. Vaso configurato a sandalo, a vernice nera. Vernice diluita.
Alt. max. 6,2; lungh. max. 8,5. Ricomposto, lacunoso. Inv. 211105.

28. Unguentario miniaturistico a vernice nera parziale. Vernice opaca.

Alt. 6,8; diam. orlo 1,8; diam. piede 2. Integro. Inv. 211335.

29. *Skyphos* miniaturistico a vernice nera parziale. Vernice opaca.
Alt. 6,5; diam. orlo 6,4; diam.piede 3,1. Ricomposto; lacunoso. Inv. 211328.

30. Cratere a campana miniaturistico con decorazione a bande. Vernice bruna.
Alt 8,5; diam. orlo 8,4; diam. piede 5. Ricomposto, lacunoso. Inv. 211327.

31. Coppetta monoansata miniaturistica acroma.
Alt. 3,2; diam. orlo 4,5; diam. piede 1,8. Lacunosa. Inv. 211334.

32. Cratere a vernice nera e decorazione sovraddipinta con tralci, viticci e pampini d'uva.
Vernice lucente; sovraddipinture in bianco, giallo e paonazzo.
Alt. max. 16,5; diam. orlo 25,8. Ricomposto, lacunoso. Inv. 211090.

*Orecchino in oro [cat. 36]*

*Dinu Adamesteanu*

# Il Santuario di Rossano di Vaglio

Si tratta di una località archeologica nell'agro di Vaglio di Basilicata già nota nell'Ottocento, divenuta oggetto di scavo soltanto negli ultimi anni (dal 1969 in poi), conosciuta anche come Macchia di Rossano o semplicemente Rossano. Si trova quasi al centro di numerosi insediamenti indigeni con cui è collegata attraverso tratturi. Vi è stato messo in luce un santuario dedicato, come indicano le numerose iscrizioni in caratteri greci ma in lingua osca e qualche iscrizione latina, alla dea *Mefitis*, in questo caso considerata una divinità lucana legata alle sorgenti. Il santuario (fig. 7) è composto finora da otto ambienti coperti (cat. 55) e distribuiti intorno a un'ampia area scoperta (il sagrato), con un pavimento in grandi lastre in pietra durissima (m. 21 x 37), al centro della quale sorge un altare (m. 4,50 x 27,25), costruito invece in blocchi di pietra tenera arenaria recanti segni di cava in lettere dell'alfabeto greco, uso ben noto nelle strutture pubbliche del Potentino. Intorno all'altare sono state rinvenute numerose iscrizioni in caratteri greci e in lingua osca che si datano tra il IV e II secolo a. C., quasi tutte menzionanti *Mefitis*, con diversi attributi, e monete delle città greche della costa o romane del periodo repubblicano, qualcuna anche di età imperiale. Le più antiche monete greche risalgono alla seconda metà del IV secolo a. C. mentre quelle romane scendono anche alla prima metà del I secolo d. C. A quest'ultima fase appartiene anche un'iscrizione latina frammentaria in cui si

allude a un rifacimento di una parte o di tutta la parte nuova -sud-orientale- del santuario dovuto a un personaggio consolare di nome *Acerronius*. La vita del santuario quindi è fissata tra la seconda metà del IV secolo a. C. e la prima metà del I secolo d. C.

Negli ambienti che circondano quello in cui sorge l'altare e specialmente nell'ambiente IV, oltre alle monete che ne confermano la cronologia, sono stati rinvenuti numerosi ex-voto in frammenti o interi in terracotta e metallo (catt. 28, 35, 36), in primo luogo statuette e pochi vasi fittili, offerte di armi come punte di lancia e spade, briglie di cavalli, corazze, modellini di carri di guerra e ruote di carri a grandezza naturale, cinturoni, schinieri, qualche statuetta in bronzo e qualche testa in marmo. A quest'ultimo gruppo appartengono anche altre tre statue in marmo del periodo ellenistico-romano (fine II secolo a. C.) (catt. 1-2). Qui tutto conferma il carattere guerriero dei fedeli lucani. Il più diffuso tipo di statuetta è quello raffigurante una divinità seduta con la patera e la colomba in mano oppure il tipo stante appoggiato a cerbiatti o pilastrini. Degno di nota è che molti di questi tipi assumono spesso caratteristiche popolaresche, raramente incontrate nelle stipi votive lucane, dovute in gran parte alla mancanza di una cultura artistica delle maestranze locali. Non mancano nemmeno le maschere teatrali databili verso la fine del IV o l'inizio del III secolo a. C. I modelli di una

*Fig. 7. Rossano di Vaglio. Veduta del santuario*

così ricca produzione locale provengono in maggioranza dai centri di Taranto, Herakleia e Paestum, quasi gli stessi riscontrati anche nelle stipi votive del santuario della *Mefitis* di Valle d' Ansanto. Molti dei ricchi ex voto, molto probabilmente, provengono dalle razzie effettuate dai Lucani nelle città greche della costa.

Per quanto riguarda il culto, accanto alla *Mefitis*, come paredri o in posizione subalterna, entrano a far parte del *pantheon* lucano, come affermano le iscrizioni, Giove, Giunone, *Venus*, quest'ultima con l'attributo di custode delle capre, e *Mamert*. Sotto la protezione di *Mefitis* o identificati con essa, sono anche la terra e le sorgenti menzionate dalle iscrizioni osco-lucane rinvenute sul posto. Dal momento dell'abbandono del santuario a Rossano, il culto si sposta nella vi-

cina Potentia, dove perdura a lungo, anche nel periodo imperiale. Il santuario di Rossano continua a vivere anche dopo la fine del III secolo a. C. quando quasi tutti i centri indigeni del Potentino, o più lontani ancora, cessano di esistere. E' il momento in cui vive invece l'abitato di Civita di Tricarico che appare quale rifugio delle popolazioni dei centri abbandonati.

*Bibliografia di riferimento*
D. ADAMESTEANU - H. DILTHEY, Macchia di Rossano. Il santuario della Mefitis. Rapporto preliminare, Galatina 1992 (con bibliografia precedente).

Tutti i reperti, esposti in mostra, se non diversamente indicato, sono relativi alla prima fase di monumentalizzazione del santuario, databile tra la metà del IV e la metà del III secolo a. C.

*Statuetta di Artemide [cat. 1]*

*Statuetta di Artemide [cat. 2]*

*Foglia di vite in bronzo [cat. 28]*

*Collana in argento e oro [cat. 35]*

*Antefissa a protome di Gorgone [cat. 55]*

VOTIVI

*Marmo*

1. Statuetta di Artemide in corsa verso sinistra, con corto chitone altocinto su cui è l'*apoptygma*; l'*himation* è avvolto intorno all'avambraccio sinistro. Probabilmente recava una faretra sulle spalle, un arco nella destra e un altro attributo nella mano sinistra. Marmo greco bianco. Alt. 56; largh. 25; spessore 15. Acefala; lacunosa. Inv. 70754. Seconda metà del II sec. a.C.

2. Statuetta di Artemide incedente a destra, con peplo altocinto e *apoptygma*. Sulle spalle, traccia della faretra.
Marmo greco bianco-grigiastro. Alt. 48,5; largh. 19; spessore 21. Acefala; lacunosa. Inv. 70755. Seconda metà del II sec. a.C.

3. Statuetta femminile panneggiata.
Marmo bianco-grigiastro. Alt. 33; largh. 16; spessore 7,5. Acefala; lacunosa. Inv. 70753. Fine II-I sec. a.C.

4. Torso appartenente a una statuetta di ermafrodito stante, semipanneggiato. La figura è leggermente flessa sul fianco destro e presenta lunghe e sottili ciocche ricadenti sulle spalle e sul petto. Marmo bianco greco. Alt. 15; largh. 10. Lacunoso, acefalo, parte inferiore abrasa. Inv. 74602. Fine III -inizi II sec. a.C.

5. Testa femminile con capo leggermente reclinato verso destra; volto pieno con bocca piccola e carnosa; acconciatura con *taenia* che trattiene le sottili ciocche ondulate, suddivise da scriminatura centrale e terminanti in un piccolo nodo sulla nuca. Marmo bianco greco; patina giallastra. Alt. 8,5; largh. max. 6,8. Superficie consunta, soprattutto in corrispondenza del naso e della bocca. Inv. 53930. II sec. a.C.

6. Torso di Erote.
Marmo greco bianco. Alt. 14; largh. 4,6. Lacunoso; acefalo. Inv. 77614. Seconda metà II sec. a.C.

*Terracotta*

7. Protome femminile con alto *polos*. Retro cavo. Alt. 18; largh. 12. Ricomposta, lacunosa. Inv. 74916.

8. Figura femminile panneggiata e stante. Collana con vaghi a disco decorato da rosetta. Interno cavo con, sul retro, foro di sfiato.
Alt. 33; largh. 11. Acefala, lacunosa. Inv. 73587.

9. Testa maschile con capigliatura a corte ciocche ricadenti sulla fronte.
Alt. 12; largh. 9. Lacunosa, priva della parte posteriore; tracce di colore rosso scuro in corrispondenza della tempia destra. Inv. 73597.

10. Rilievo con Erote incedente a sinistra e fiaccola nella mano destra.
Alt. 7; largh 5,1. Lacunoso; privo della parte inferiore. Inv. 74549.

11. Applique con grifo incedente a sinistra. Foro circolare per il chiodo.
Alt. max. 8,6; largh. 10. Lacunosa, priva della parte superiore. Inv. 74739.

12. Mandorla. Forata inferiormente e cava all'interno.
Lungh 6; largh 5. Lacunosa; priva di punta. Inv. 54132.

13. Fico. Interno cavo; foro nella parte superiore. Alt. 5,6; largh. 3,7. Integro. Inv. 54144.

14. Melagrana. Interno cavo; foro nella parte inferiore.
Alt. 7; diam. 7,5. Lacunosa, priva di parte della corona. Inv. 74847.

15. Parte di melagrana. Interno cavo.
Largh. 6,6. Lacunosa. Inv. 74600

16. Grappolo d'uva miniaturistico.
Alt. 2; largh 2. Lacunoso. Inv. 54176.

17. Protome di cavallino. Foro circolare nella parte inferiore del collo.
Alt. 4,3; largh. 2. Lacunosa. Inv. 73601.

18. Protome di animale dalle fattezze mostruose (interpretato come *Glykon*). Cavo all'interno con impronte di dita.
Alt. 8; largh. 3,5. Lacunosa. Inv. 73614.

19. Porcellino.
Alt. 6,7; largh. tot. 4,2; largh. base 4; lungh. base 8. Lacunoso alla base. Inv. 54122.

20. Volatile.
Alt. 6; lungh. 7. Lacunoso, superficie consunta. Inv. 54097

21. Ovino.
Alt. max. 5,5; largh. 10,2. Lacunoso, privo di parte del corpo. Inv. 66581.

*Bronzo*

22. Parte di volto femminile, probabilmente della dea *Mefitis*. Appartenente a una statua alta circa 90 cm.
Alt. max. 7,7; largh. 10. Lacunosa. Inv. 54296.

23-25. Dita di mano, con unghia resa accuratamente, appartenenti a statua o statue di grandezza simile al vero. Fusione piena.
Lungh. da 7 a 10; diam da 2 a 2,5. Inv. 77663-5.

26. Figura femminile stante e panneggiata, che reca nella mano sinistra la parte inferiore di fiaccola o cornucopia; diadema sul capo; posteriormente, lunga treccia. Fusione piena.
Alt. 7,4; largh. 3,7. Lacunosa, priva del braccio destro. Inv. 54343.

27. Ramo di alloro con gruppi di foglie lanceolate e bacche.
Lungh. 35. Integro. Inv. 54297.

28. Foglia di vite. A stampo e a intaglio.
Alt. 8; largh. 5. Integra. Inv. 54303.

29. Ansa di *oinochoe* o *olpe* decorata da protome femminile. Fusione piena.
Alt. 9; largh. max. 5,4. Inv. 77624.

30. Carro da guerra miniaturistico.
Lungh. 9,2; largh. 5,2. Integro. Inv. 54291.

31. Punta romboidale di lancia miniaturistica. Fusione piena.
Lungh. 10. Lacunosa, priva della punta. Inv. 54293.

32. Lancia miniaturistica a punta cuoriforme con costolatura mediana. Fusione piena.
Lungh. 19,3. Lacunosa la parte inferiore dell'asta. Inv. 54295.

ORNAMENTI

33. Cintura in lamina rettangolare decorata a sbalzo con protomi di Helios raggiato di prospetto e palmette su girali presso le estremità.
Argento. Sviluppo ricostruito 94; alt. 2. Ricomposta. Inv. 75347-75348.

34. Cintura in lamina costolata con chiusura terminante con quattro serpenti disposti su un'unica spira.
Argento. Sviluppo ricostruito 114; alt. 1,4. Ricomposta. Inv. 78196.

35. Collana in filo d'argento avvolto da lamina d'oro. Pendenti aurei semilunati decorati a sbalzo, di cui il maggiore con protomi femminili tra motivi vegetali.
Oro e argento. Lungh. 47; alt. pendente maggiore 7,4; alt. pendente minore 3,2. Ricomposta, lacunosa. Inv. 75344, 74138.

36. Orecchino con pendente piramidale decorato da motivi vegetali.
Oro. Alt. max. conservata 4,5. Lacunoso. Inv. 77888.

37. Fibula con arco a doppia curva e lunga staffa trapezoidale.
Argento. Lungh. 6,2. Lacunosa. Inv. 77887.

38. Fibula ad arco rialzato e costolatura mediana.
Argento. Alt. 2; lungh. 3. Lacunosa, priva della staffa. Inv. 74114.

39. Fibula ad arco semplice, staffa rettangolare desinente in bocciolo rialzato.
Argento. Alt. 2,1; lungh. 4,5. Due frammenti. Inv. 61248.

40. Fibula miniaturistica ad arco semplice.
Argento. Lungh. 1,1. Integra. Inv. 77872.

41. Fibula miniaturistica ad arco semplice.
Argento. Lungh. 2,3. Integra. Inv. 77873.

42. Fibula miniaturistica ad arco semplice.
Argento. Lungh. 2,6. Integra. Inv. 77874.

43. Fibula ad arco asimmetrico in lamina.
Bronzo. Lungh. 7,4. Lacunosa. Inv. 54290.

44. Fibula ad arco a losanga, staffa piatta con apofisi a globetto.
Bronzo. Lungh. 4,3. Integra. Inv. 77886.

45. Fibula ad arco semplice, staffa verticale e apofisi rialzate.
Bronzo. Lungh. 3,4. Integra. Inv. 77868.

## ARMI E STRUMENTI

46. Schiniere.
Bronzo, fusione, laminatura e a sbalzo. Alt. 40. Ricomposto. Inv. 77621.

47. Gancio di cinturone a corpo di cicala e protome teriomorfa.
Bronzo; lungh 10,6. Lacunoso. Inv. 54294.

48. Morso equino.
Bronzo. Alt. 26. Integro. Inv. 54238.

## CERAMICA

49. Parte superore di *thymiaterion* costituito da fiore a calice, su stelo cilindrico, con petali appuntiti incisi prima della cottura.
Alt. 5,2; largh. 8,2. Lacunoso. Inv. 54151.

50. Cratere miniaturistico acromo.
Alt. 4; diam. orlo 2,6. Integro. Inv. 74840.

51. Cratere miniaturistico acromo.
Alt. 3; diam. orlo 2,5. Integro, orlo consunto. Inv. 55875.

52. Cratere miniaturistico acromo
Alt. 3,6; diam. orlo 3. Integro. Inv. 74843.

53. Cratere miniaturistico acromo.
Alt. 3,5; diam. orlo 2,2. Integro, orlo consunto. Inv. 60008.

## ELEMENTI DI DECORAZIONE ARCHITETTONICA

54. Grondaia a testa leonina, probabile bocca di fontana.
Alt. 14; largh. 28. Integra. Ricomposta. Inv. 54251.

55. Antefissa a protome di Gorgone di tipo calmo.
Tracce cospicue di colore su ingubbiatura bianca: incarnato roseo; labbra rosse; occhi e ali celesti; capelli ocra, cornice rossa.
Alt. 9,2; largh. 10,6. Lacunosa. Inv. 89708.

*Louterion in forma di fontana [cat. 1]*

*Salvatore Bianco*

# L'acqua e il rito funebre

L'acqua è l'elemento vitale per eccellenza. Inizialmente simbolo ctonio di tradizione preistorica legato alla fertilità della terra, ha assunto in seguito anche valenze funerarie connesse con l'idea della purificazione del corpo mediante le pratiche del lavaggio e dell'unzione.

La morte, momento supremo e transitivo della vita individuale in direzione dell'ignoto, richiedeva tali specifici atti rituali di preparazione del grande viaggio ultraterreno attestati, tra l'altro, in ambito omerico (Iliade XVIII 345-50; XXIV 582, 587; Odissea, XXIV 45). Si trattava di semplici attenzioni rivolte al corpo del defunto che doveva essere adeguatamente preparato, al fine di preservarne l'integrità e ricevere una degna sepoltura attraverso un rituale indispensabile al raggiungimento della dimensione ultraterrena intesa come idea di *belle mort* e definita dall'espressione omerica *geras thanonton*, ancorchè priva di implicazioni salvifico-religiose (Iliade XIV 456-457; XXIII 9).

L'acqua, quindi, è da considerare come elemento catartico di purificazione per i morti e, in epoca successiva, anche per i vivi contaminati dall'evento luttuoso. Il rituale prevedeva infatti che alla fine della cerimonia i partecipanti si purificassero con l'acqua. Il lavaggio preparatorio del defunto e le successive libagioni sulla tomba attestate dalle fonti evidenziano il simbolismo purificatorio e rigenerante dell'acqua e il significato ctonio di offerta al mondo sotterraneo. Una svolta nell'immaginario della morte compare solo a partire dall'età arcaica, quando nel mondo greco le attività nomotetiche in ambito funerario possono considerarsi "segno del definirsi... delle prime fasi della *polis*" e si vanno delineando implicazioni di carattere etico desumibili dalle fonti o religioso per l'insorgere di simboli connessi con le dottrine misteriche e con le credenze in una vita ultraterrena.

Nell'età più antica l'acqua ricorreva come dono ai defunti, che si dissetavano alla fontana dell'Oblio (Eneide VI, 714 e 749) rimanendo tuttavia sempre relegati, come anime non iniziate, nell'indefinito, carico di ombre, dell'esistenza infera. Attraverso l'acqua dell'Oblio, anzi, l'anima approdava nel regno delle ombre, perdendo coscienza di sè e ricadendo nel ciclo doloroso delle esistenze terrene. Nella nuova prospettiva e in particolare nell'escatologia orfico-pitagorica, l'acqua della fonte di *Mnemosyne*, ossia della Memoria cosciente come entità religiosa, garantisce alle anime degli iniziati il superamento della morte e delle insidie dell'oblio e il conseguimento dello stato di beatitudine e di immortalità: l'anima si avvia verso l'assimilazione divina.

Anche nel mondo antico della Basilicata, sia italico che italiota, sembrano essere numerose le possibili attestazioni archeologiche dell'uso rituale dell'acqua in ambito sacrale e funerario. Nel primo caso le sorgenti, secondo l'immaginario del mondo antico, consentivano l'accesso al mondo sotterraneo e dunque alla sfera infera. In ambito funerario sono alcuni vasi-simbolo del corredo o le loro specifiche funzioni a suggerire l'uso rituale dell'acqua. In particolare, dagli inizi del VI secolo a.C. in ambito enotrio si riscontrano i grandi *louteria* di tradizione corinzia della necropoli di Alianello o le diffuse e diverse forme vascolari di tipologia ellenica preposte a contenere acqua o, ancora, i ben noti *louteria* su alto fusto modanato, talora muniti di una o due anse, in qualche caso sormontate da protomi ornitomorfe, o i medesimi oggetti muniti di foro longitudinale (vasi-tubo) e quindi destinati a possibili offerte di liquidi al mondo sotterraneo. Tali *louteria* e vasi-tubo con le loro diverse varianti ricorrono spesso in associazione con il *kantharos* o con una coppa, costituendo di fatto una coppia funzionale all'atto rituale del versare. La presenza di simili forme nel sistema compositivo del corredo può definirsi spia del progressivo insorgere di rituali complessi, anche se ancora non riconducibili a nuove ed espresse esigenze di crescita spirituale in senso filosofico e religioso, le cui prime attestazioni in questo comparto italico della Basilicata si evidenziano episodicamente solo a partire dagli anni iniziali del V secolo a.C. Simili *louteria*, talora di minori dimensioni, continuano in Basilicata ad essere diffusamente attestati in ambito sacro anche nel corso della successiva *facies* osco-lucana, quando in associazione con altri elementi possono caricarsi di nuovi significati nell'ambito di rituali iniziatici, come nel santuario di Chiaromonte, Rossano di Vaglio, Timmari o di San Chirico Nuovo. Compaiono solo raramente in ambito funerario, come nel caso della tomba n. 9 della necropoli di San Chirico Raparo.

Problematica è stata nel tempo la discussione relativa alla definizione di questa forma vascolare e alla sua funzione. Per gli esemplari enotri si può pensare a una forma legata a riti purificatori e a libagioni che implichino il gesto del versare dell'acqua nella coppetta superiore e quindi nel terreno, come sembra suggerire la ricorrente associazione col *kantharos* o con una coppa o la presenza di una o due anse sulla stessa forma vascolare. La forma talora definita *thymiaterion*, non sembra essere funzionale come incensiere e per la presenza del foro e per la mancanza di tracce di uso dovute al fuoco. Sicuramente mutuata dall'ambito ellenico nelle due versioni con e senza foro passante ha avuto un uso funzionale legato al rituale funebre.

## SAN CHIRICO RAPARO (PZ) - TOMBA 9

Si tratta di una sepoltura a fossa terragna semplice con inumazione supina di un individuo femminile. All'interno della fossa si sono trovate tracce di un tavolato ligneo e scarsi resti scheletrici in pessimo stato di conservazione. Dimensioni: m. 2,80 x 1,10; profondità dal piano di campagna: m. 1,20. Orientamento: nord-ovest / sud-est. Datazione: seconda metà del IV secolo a.C.

La sepoltura ha restituito un ricco corredo funerario composto da diverse forme vascolari tipiche del mondo femminile e accompagnate da una serie di vasetti di piccole e medie dimensioni, da uno specchio circolare e da un bacile bronzei e dal consueto riferimento simbolico all'*oikos* (spiedi e candelabro di piombo). L'unico oggetto d'ornamento personale è rappresentato da una fibula di ferro, mentre due pesetti troncopiramidali in piombo sottolineano l'attività della tessitura e implicitamente il sesso della defunta. Il corredo è deposto lungo il lato destro dell'inumazione con una concentrazione di vasetti contenenti olii profumati o sostanze cosmetiche verso i piedi, dove è anche il singolare *louterion* in forma di fontana (cat. 1). Ancora oltre, verso l'estremità della fossa, sono due alte anfore a vernice nera, quasi una sorta di *loutrophoroi* associate ad una grande *lekythos* a figure rosse.

Di particolare rilievo è il gruppo di vasi che connotano in particolare le sepolture femminili: l'anfora, il *lebes gamikós*, la *lekane* e la bottiglia, tutti a figure rosse, accompagnati da diverse *lekythoi*, dai *gutti*, vasi connessi con il rito dell'unzione, nonchè da vasetti a vernice nera (piattelli, ciotoline) a completamento del servizio.

I vasi sembrano costituire il servizio per il trasporto dell'acqua destinata al cerimoniale funebre. Il *lebes*, dono nuziale, potrebbe adombrare anche simbolismi connessi con il matrimonio della defunta, condizione cui potrebbero alludere anche le due *loutrophoroi*, che comunque sottolineano le valenze purificatorie dell'acqua nel contesto funebre. I fori praticati sul fondo indicano la precisa volontà di comunicare col mondo ultraterreno, cui occorre far pervenire offerte rigeneratrici o purificatorie. Non a caso nell'iconografia funeraria le stesse *loutrophoroi* o il grande vaso divengono rappresentazione e simbolo della stessa sepoltura o sede di narrazione e rappresentazione dell'evento luttuoso.

1. *Louterion* a vernice nera con elementi plastici.

Alt. cm. 26, 5; diam. orlo vasca cm. 9,1; diam. base cm. 13,2. Lacunoso. Inv. 43699.

La coppetta superiore presenta vasca bassa con orlo rientrante su base a profilo concavo, su cui si impostano quattro protomi animali di cui solo due conservate: una di tipo taurino e una di ariete. Poggia su un fusto rastremato verso l'alto a sua volta munito di alta base circolare a profilo concavo su cui sono situate perimetralmente quattro forme vascolari miniaturizzate, di cui solo tre conservate: l'anfora, il *lebes gamikós* e l'*alabastron*.

Il *louterion* riproduce una fontana di tipo monumentale costituita da elementi architettonici quali la colonna, le gronde in forma di teste animali e la larga base destinata ad accogliere i vasi da riempire in corrispondenza delle stesse gronde. Si tratta di un tipo rappresentato sulla ceramografia attica, le cui componenti architettoniche e decorative dovevano essere note anche in ambito italiota .

Il *louterion* presenta la piccola vasca abbellita esternamente dalle protomi animali. Si tratta di elementi animalistici ben diffusi nell'ambiente italico e mediterraneo in genere con attestazioni molto antiche risalenti fino al Neolitico. Sul piano simbolico rappresentano l'elemento maschile delle forze rigenerative della natura o l'iterazione stessa dei cicli naturali. In tal senso potrebbero adombrare credenze o aspetti di una religiosità elementare connessa con la rinascita ultraterrena. Le protomi, inoltre, fungono normalmente da gronde delle sorgenti naturali, le cui acque sono notoriamente terapeutiche e legate a rituali di purificazione femminile prematrimoniale nel cui ambito si collocano anche i bagni prenuziali della divinità.

Significativi sono i tre vasetti minuscoli rimasti sulla base. Una sorta di anfora priva di anse e il *lebes gamikós* richiamano, in quanto contenitori di acqua, il mondo muliebre e l'ambito domestico al pari dell'*alabastron* legato alla sfera della *toilette*. Sono elementi che in parte compaiono in diverse scene femminili rappresentate intorno a un grande *louterion* o dinanzi a una fontana.

Le forme attestate nel corredo sembrano tutte organizzate in un sistema compiuto di oggetti, simboli e rituali tendenti ad assegnare alla defunta una dimensione definita e ormai separata dal mondo dei vivi. E in effetti il corredo sembra far trasparire un rituale funebre connotato da credenze legate ad un mondo tradizionale ancora non influenzato dalla religiosità misterica salvifico-escatologica.

*Bibliografia di riferimento*

M. BARRA BAGNASCO, I culti, in Greci, Enotri e Lucani nella Basilicata meridionale (cat. mostra), Napoli 1996, p. 183 ss. .

C. BERARD, La condizione delle donne, in La città delle immagini. Religione e società nella Grecia antica, Modena 1986, p. 79 ss.

H. DILTHEY, Sorgenti acque luoghi sacri in Basilicata, in AA.VV., Attività archeologica in Basilicata 1964-1977, Matera 1980, p. 539 ss.

L. KAHIL, Bains de statues et de divinités, in L'eau, la santé et la maladie dans le monde grec, Paris 1994, p. 217 ss.

V. PIRENNE-DELFORGE, La loutrophorie et la prêtresse - loutrophore de Sicyone, in L'eau, la santé et la maladie dans le monde grec, Paris 1994, p. 147 ss.

G. PUGLIESE CARRATELLI, Storia civile, in AA.VV., Megale Hellas e Civiltà della Magna Grecia, Milano 1983, p. 5 ss.

D. UGOLINI, Tra perirrhanteria, louteria e thymiateria, *Mélanges de l'École Française de Rome, Antiquité* 1983, 1, p. 449 ss.

C. ZACCAGNINO, L'incenso e gli incensieri nel mondo greco, in Profumi d'Arabia, (a cura di A. Vanzini), Roma 1997, p. 101 ss.

# INDICE

Finito di stampare
nel mese di aprile 1998
da Grafica 891
Stampato in Italia - Printed in Italy